Kurt Theodor Oehler
Die Äpfel vom Baum der Erkenntnis

Kurt Theodor Oehler

Die Äpfel vom Baum der Erkenntnis

Vom gläubigen Christen zum überzeugten Atheisten

EDITION
Noack
Block

Umschlagabbildung: Lucas Cranach d. Ä.: *Adam und Eva* (1526)

ISBN 978-3-86813-041-6

Herstellung durch Edition Noack & Block in der Frank & Timme GmbH,
Wittelsbacherstraße 27a, 10707 Berlin.
Gedruckt auf säurefreiem, alterungsbeständigem Papier.

www.noack-block.de

Vorwort

Liebe Leserinnen und Leser,

eigentlich wollte ich in diesem Buch in erster Linie meine Auseinandersetzung mit dem Gottesglauben und die schrittweise Entwicklung bis zum Atheismus darlegen. Ich habe aber schnell bemerkt, dass das nicht ohne Darstellung meiner persönlichen Lebensgeschichte geht. Aus diesen Gründen ist aus der eher theoretischen beziehungsweise philosophischen Abhandlung eine eher persönlich geprägte Lebensbeschreibung geworden.

Wie persönlich darf ein solcher Text sein? Anfangs habe ich meine Erlebnisse ohne Namensnennung und einfach chronologisch aneinander gereiht. Erst nach und nach ist mir bewusst geworden, dass ein solches Thema nur Bestand haben kann, wenn es authentisch und mit voller Namensnennung geschrieben wird. Das habe ich getan.

Da die Deutsche Literatur und die Philosophie in meinem Leben immer einen wichtigen Platz eingenommen haben und ich mich stets für Gruppendynamik und politische Vorgänge interessiert habe, hat der Text auch eine zeitgeschichtliche Dimension erhalten. Ich hoffe, dass das den Text bereichert hat.

Kurt Theodor Oehler

Die Reise nach Aachen

Am Morgen des 24. September 1963 gegen vier Uhr früh startete ich mit meiner metallic-blauen „Vespa“ in Richtung Basel. Im Morgengrauen passierte ich die Grenze nach Deutschland, das für die kommenden siebzehn Jahre meine zweite Heimat sein würde.

Es ging weiter über die Autobahn in Richtung Köln. Nach der Rheinbrücke wandte ich mich nicht wie geplant nach Aachen, sondern nach rechts. Die überwältigende Silhouette des Kölner Doms, der wie ein schwarzer „Zweizack“ aus dem Dunst der Stadt hinausragte, hatte es mir angetan.

Nach zwanzig Minuten hielt ich in der Komödienstraße. Als ich um die Ecke bog, stockte mein Atem. Da stand der gewaltige Bau wie ein „Schwarzer Mann“ vor mir. Ich war sprachlos.

Ich war von der Kraft und dem Durchhaltewillen dieser Menschen, die achthundert Jahre lang an diesem Werk gearbeitet hatten, überwältigt. Am 15. August 1248, dreiundvierzig Jahre vor dem Rütlischwur, wurde der erste Stein gesetzt. Dreihundert Jahre später standen der Chor, das Mittelschiff bis zu einer Höhe von dreizehn Metern, mit einem provisorischen Dach überdeckt, und der Südturm sechsundfünfzig Meter hoch. Danach blieb der Torso über drei Jahrhunderte lang stehen, ohne dass daran gearbeitet wurde. Das waren mehr als zwölf Generationen! Welch hoffnungsloser Blick musste das gewesen sein. Niemand wusste, ob der Bau je fertiggestellt sein würde. Erst ab 1823 wurde wieder gebaut. Am 15. Oktober 1880, zehn Jahre vor der Geburt meines Vaters, wurde in Anwesenheit des Deutschen Kaisers der letzte Stein auf den einhundertsiebenundfünfzig Meter hohen Nordturm gesetzt.

Ich fragte mich:

Welche Motivation hatte die Menschen dazu getrieben? Was hatte sie bewegt, diese Energie für ein solches Bauwerk aufzubringen? War es der Glaube, der Stolz, der Neid, die Gier oder die Rivalität unter den Städten? Welche Erwartungen hatten sie damit verbunden?

Hatte dieses Haus mit Gottes Willen zu tun? War es der konkrete Beweis für Gottes Existenz, wie eine Trutzburg gegen das existenzielle Nichts? Wie konnten diese Menschen nur solche Unsummen an Geld und Energie aufbringen? Mit diesem Geld hätte man die ganze Stadt Köln neu überbauen können.

Eine Stunde später war ich wieder auf der Autobahn, – und zwei Stunden später vor dem Aachener Dom. Nachdem ich in Köln den größten Sakralbau nördlich der Alpen gesehen hatte, stand ich nun vor dem ältesten: Dem „Oktogon des Aachener Doms", um 800 nach unserer Zeitrechnung von „Karl dem Großen" erbaut. Welch ein Gegensatz.: Wertvollste Steine, italienischer Marmor, polierte Säulen und goldglänzende Mosaiken an Wänden und Kuppeln.

Ich fuhr durch die Altstadt. Das Rathaus mit seinem seitwärts angeklebten „Postwagen", wo ich später meinen „Emmentaler" aß, der Rathausplatz mit dem ausgedehnten Markt, zur Eilfschornsteinstraße hinunter, und wieder hinauf zur Nummer 10, wo ich von 1966 bis 1968 für fünfzig Mark im Monat wohnte, wo ich durch einen Friseurladen hindurch, einen Innenhof überquerend und über eine morsche „Hühnerleiter" empor in meine „Studentenbude" gelangte. Das hintere Fenster zeigte auf ein Ruinengelände, in dem rauchschwarze Backsteintürme, dürre Grashalme und graue Baumgerippe in den Himmel ragten, – als ob es nie Frieden gegeben hätte. – Es waren erst achtzehn Jahre vergangen.

In diesem Zimmer lernte ich auf meine Prüfungen. Hier hatte ich meine ersten Liebesabenteuer, hier wohnte, dem Innenhof gegenüber, meine deutsche „Schlummermutter", wie die Vermieterinnen von Studentenbuden etwas nonchalant genannt wurden, eine tief religiöse Frau mit fleischigen Sommersprossenarmen und leuchtend roten Haaren. Eine Frau, die eher in die dampfende Waschküche unter meinem Zimmer passte als in das kleinbürgerlich eingerichtete und denkmalgeschützte Handwerkerbacksteinhaus auf der gegenüberliegenden Hinterhofseite.

Dieser Schlummermutter hatte ich zwei Mal tiefes Leid zugefügt. Ein erstes Mal, als ich nach dem Einzug in meine Bude im Rahmen einer ersten Spontanhandlung das Kruzifix von der Wand riss und im Kleiderschrank verstaute. Dieses Sakrileg sollte der tiefreligiösen Frau einen ersten tiefen Stich ins Herz geben, und ein zweites Mal, als ich Frauenbesuch hatte. Als ich am Morgen das Fenster öffnete, um frische Luft einzulassen, sah ich geradewegs in das verdrießliche Gesicht meiner Vermieterin, die sich ob der Sündhaftigkeit ihres jungenhaften Untermieters eiligst bekreuzigte.

Das Wort Gottes

Ich wurde in eine fundamental christliche Familie hinein geboren. Und die Frage, was wahr und richtig ist, stand immer im Vordergrund, war immer wichtiger als jede andere Frage, vor allem, – als jede materielle Frage.

Ich hatte großes Glück, dass ich schon von Kindsbeinen an in erster Linie mit philosophischen Fragen konfrontiert wurde. Das hatte mit meinen Eltern zu tun. Andererseits wurde schnell geantwortet. Die Antworten lagen bereit – und standen in der Bibel. Mein Vater, von mittelgroßer und schlanker Gestalt, ein studierter Elektroingenieur, wandte sich auf Druck seiner ersten Gattin dem Gottesglauben zu und bekehrte sich, wie man sagen würde, zu Gott.

Ab diesem Augenblick war er gottesfürchtig, wortgläubig ganz genau. Selbst die Schöpfungsgeschichte, wie sie in der Bibel steht, hielt er für wahr. Für ihn wurden die Erde, die Pflanzen, die Tiere und selbstverständlich auch die Menschen – in sieben Tagen erschaffen.

Kennedys Tod

Eines Morgens, über der Stadt hingen schwere Gewitterwolken, las ich beim Zeitungsstand vor dem Aachener Hochschulgebäude die bestürzende Nachricht:

„Präsident Kennedy erschossen!"

Ich war schockiert. Es war, als ob ich zum zweiten Mal einen Vater – einen besseren Vater – verloren hätte.

Ich dachte, dass es immer Kriege geben würde: 1870/71, 1914 bis 1918, 1939 bis 1945. Solange Kennedy lebte, konnte mir nichts passieren. Ich war überzeugt, dass es aufwärts gehen würde. Ich war ein Optimist. Und Kennedy verkörperte diesen Optimismus. Er war ein Halbgott, eine Lichtgestalt. Dessen Credo lautete: Frei, intelligent, human und unkonventionell zu sein.

Mit einem Schlag, das heißt, mit einem einzigen Schuss, war alles vorbei!

Mit der Ermordung Präsident Kennedys war die letzte Hoffnung vertan. Sie bedeutete nämlich, dass die Jugend und die junge Generation, ich eingeschlossen, in der Welt wirkliche Freunde hatten.

Selbstverständlich konnte ich damals noch nicht wissen, dass Präsident Kennedy eben dabei war, in der Schweinebucht einen dritten Weltkrieg zu riskieren …

Der Krieg

Vermutlich war ich ein überängstliches Kind, dünn und elastisch wie eine Haselrute, mit knochigen Vierkantknien. Ich war anders als alle anderen, unruhiger, lebendiger. Es wurde nicht zufällig gemunkelt, dass ich, wäre ich im Spital geboren worden, vermutlich verwechselt worden wäre …

Es war eine finstere Zeit, die Jahre meiner Kindheit. Es herrschte Krieg, und die Geschäfte meines Vaters liefen schlecht! Über den Köpfen dröhnten die Bomber, die den Weg von England bis nach Italien suchten. Der Vater sagte:

„Jetzt gehen sie Mailand bombardieren."

Nach zwei Stunden kehrten sie zurück, nachdem sie die todbringende Last über der lombardischen Metropole abgeworfen hatten.

Einem dieser Flugzeuge, die über die Schweiz hinweg flogen, sollte ich wieder begegnen. Nachweislich waren mehrere dieser „Fliegenden Festungen" in der Schweiz abgestürzt oder hatten notlanden müssen. Eine der verunglückten Maschinen, eine B-17, fiel, nachdem sie Friedrichshafen bombardiert hatte und von einem Abfangjäger beschossen worden war, in den Greifensee, aus dem ihn Jahre später der legendäre „Bomben-Schaffner" wieder herausfischen sollte.

Die stark beschädigte Maschine konnte, es war im Sommer 1953, auf einer Wiese am Greifensee hinter einer improvisierten Abgrenzung aus braunen Jutetüchern für fünfzig Rappen besichtigt werden.

Das Wrack war zwar zerbeult, die Motoren und die Innenausstattung waren aber vorhanden. Ein ängstliches Entsetzen erfasste mich, als ich in das nur wenig zerstörte Cockpit blickte und mir dabei vorstellte, dass noch vor wenigen Wochen gerade hier der skelettierte Leichnam eines Co-Piloten in den Gurten gehangen hatte. Es roch nach Öl und faulem Leder. Schauer und Grauen hingen in der Luft.

Es war eine Zeit, in der die Arbeiter und Angestellten auf halbrostigen Fahrrädern in die Fabriken fuhren, in der die Löhne noch tief waren und der Haarschnitt zwei Franken kostete. Zeiten, in denen uneheliche Schwangerschaften schwere Verdikte waren und in denen Gerüchte umgingen, dass junge Schweizerinnen in arabischen Harems schmachteten.

„Stille Wochen“

In meine Kindheitsidylle brach jedes Jahr mit unerbittlicher Härte das Wegfahren meiner Eltern hinein. Sie pflegten als rechtschaffene und gläubige Christen an sogenannt „Stillen Wochen“ teilzunehmen. Das bedeutete für sie die Teilnahme an einer einwöchigen Besinnungs- und Gebetsveranstaltung im Zürcher Oberland, – und für mich das Durchstehen eines mindestens einwöchigen „Kinderfrauenhorrortrips“. Vielleicht tat ich unserer Amme mit den schlohweißen Haaren und den grobadrigen Laubfleckenarmen Unrecht, wenn ich mich ausschließlich an deren Kaltherzigkeit erinnere. Schließlich waren es weder die Amme noch die Hausangestellte, sondern meine Eltern, die uns verließen, – und die Bändigung des kleinen „Zappelphilipp“ war vermutlich mehr als aufwändig …

Ich musste zu jener Zeit im Alter von zweieinhalb Jahren schmerzhaft erfahren haben, dass es für meine Eltern Dinge gab, die wichtiger waren, – möglicherweise wichtiger als die Kinder …

Die gute Stube

Das erste Jahr in Aachen verbrachte ich in der Vorstadtwohnung einer während des zweiten Weltkrieges ausgebombten Kriegerwitwe. Frau Mittermayr, so hieß die Vermieterin, lebte in einer engen Abstellkammer neben der spärlich eingerichteten Küche, währenddessen ich, als studierender Untermieter, die „gute Stube“ bewohnte. Auf der mit Einlegearbeiten versetzen Kommode standen siebenundzwanzig Bände „Meyer'sches Konversations-Lexikon“ und der irdene Krug, aus dem ich mich waschen konnte. Zum Duschen beziehungsweise Baden standen die städtischen Badeanstalten zur Verfügung.

Es war ein bitteres Schicksal, das diese Frau zu ertragen hatte. Ohne meine regelmäßigen Zahlungen hätte sie ihr dürftiges Dasein kaum finanzieren können.

„Kartoooofeln"! „Kartoooofeln"! hallte es durch Straßen und Gassen, wenn die Gemüseverkäufer ihre Waren ausriefen. Weder munteres Vogelgezwitscher noch wärmende Sonnenstrahlen, sondern lautes Weibergetratsche, gellende Kinderstimmen, das regelmäßige Scheppern von Kübeln und Kesseln, wenn die Müllwagen mehrmals die Woche den grauen Häuserzeilen entlang fuhren, pflegten mich morgens aus meinem Schlaf zu reißen.

Zwei Leichen an Bord

Die erste Frau meines Vaters hatte zwei Schwestern. Die ganze Familie war „erkrankt". In den Zwanzigerjahren wütete die Tuberkulose. Eine der beiden Schwägerinnen verstarb in Marseille. Mein Vater fuhr mit der zweiten Schwägerin, der Schwester der Verstorbenen, nach Südfrankreich, um den Leichnam zu identifizieren und dessen Rückführung zu organisieren. Die Leiche wurde speziell präpariert und in einen luftdicht verschlossenen Sarg gebettet. Auf der Rückreise in die Schweiz verschlimmerte sich der Krankheitszustand der zweiten Schwägerin. Kurz vor der Grenze starb auch diese. Mein Vater hatte nun zwei Leichen mit an „Bord", eine im Güterwagen – und eine neben sich! Was sollte er tun, um komplizierte Grenzformalitäten zu vermeiden? Er setzte die Verstorbene in die Bank und bedeckte ihr Gesicht mit einem Tuch. Als der Zollbeamte kam, bedeutete er diesem, sich ruhig zu verhalten, die Schwägerin sei krank. Der Vater regelte die Formalitäten und schmuggelte so – die zweite Leiche durch den Zoll.

Akademischer Verein „Schlegel und Eisen“

Gleich oben links stand das Hauptgebäude der Rheinisch-Westfälischen Technischen Hochschule, in der damals 11.000 Studenten studierten.

Die einstmals zerschossene und nur notdürftig Instand gesetzte Sandsteinfassade erinnerte mich quälend an die erste Begegnung, als ich am späten Nachmittag des ersten Tages meinen Motorroller am Straßenrand abstellte und mich aus Angst und tiefem Widerwillen gegen das bevorstehende Hüttenkundestudium fast übergeben musste. Unvergessen bleiben mir der Lärm der donnernden Kompressoren, die vom Institut für Maschinenbau her dröhnten, und das stete Flirren der Transformatoren aus dem Institut für Elektrotechnik.

Am Gießereiinstitut wurde gearbeitet, trotz der Krise in der Metallindustrie, – die bald darauf – vor allem im Gießereiwesen – um sich greifen würde.

Auf der Eisenbahnbrücke, die zur „Hörn“ hinauf führte, starrte ich sehnsuchtsvoll auf die Geleise hinunter, die mich schnell und sicher in die Heimat zurückgeführt hätten. Nur damals, 1963, hingen keine Kupferdrähte an den Masten, sondern Rauchschwaden in der Luft, die beißend nach Schwefel- und Kohlegasen rochen.

Am Chemieinstitut vorbei, wo ich später meine Analysen „kochte“, gelangte ich zum Verbindungshaus, in dem ich zwei Jahre lang wohnte.

Ich studierte Hüttenkunde und wurde, um der inneren Vereinsamung zu entgehen, Mitglied des Berg- und Hüttenmännischen Vereins „Agricola Schlegel und Eisen“. Nicht von ungefähr sang die Korona bei den Festveranstaltungen spät um Mitternacht in Bergmannstracht und bei Kerzenschein das Bergmannslied:

„Glück auf, Glück auf! Der Steiger kömmt,
und er hat sein helles Licht bei der Nacht, schon angezünd't.

Hat's angezünd't! Es wirft seinen Schein,
und damit so fahren wir – bei der Nacht, ins Bergwerk ein."

Der Eintritt in die Verbindung führte mich mit vielen Menschen zusammen, die im Bergbau oder in den Hüttenwerken des Ruhrgebiets arbeiteten. Im Rahmen von Exkursionen oder Fachveranstaltungen konnten Werksbesichtigungen bei Thyssen und Krupp beziehungsweise Fahrten in die Kohlegruben des Eschweiler Bergwerksvereins unternommen werden, bis tausend Meter unter Tage.

Das Familienfoto

Es gab drei Fotos von dieser Familie. Das älteste des Genfer Fotografen Frédéric Boissonas stammte aus dem Jahre 1896 und stellt die ersten Schwiegereltern meines Vaters dar. Das zweite Schwarz-Weiß-Bild aus dem Jahre 1910 zeigte die Schwiegereltern mit ihren drei Töchtern, und das dritte Foto stellte die Schwiegereltern, drei Töchter und zwei der angeheirateten Ehemänner, darunter auch meinen Vater, dar. Als ich das zweite Foto zum ersten Mal sah, war ich schockiert. Niemals zuvor hatte ich ein Bild gesehen, das die innere Dramatik einer Familie so klar zum Ausdruck brachte. Ich erinnere mich noch deutlich an das Entsetzen und an die Gefühle, die mich bewegten. Ich dachte:

„Das kann nicht gut gehen!"

Das Besondere an diesem Foto ist die augenfällige Diskrepanz zwischen den Charaktereigenschaften der beiden Eltern, die es deutlich zum Ausdruck bringt, und die verheerenden, wesensmäßigen Widersprüche, die es erahnen lässt. Das Verhängnis ist den beiden deutlich ins Gesicht geschrieben. Die Tragik der Familie, bei der Gewaltanwendung, vor allem von Seiten der Mutter, an der Tagesordnung war, tritt im Bild recht augenfällig in Erscheinung. Es wundert deshalb nicht, dass die Widersprüche innerhalb der Familie – zu einem späteren Zeitpunkt – geradewegs in die Katastrophe führen werden. Das Drama, das sich schließlich ereignen wird, zeichnet sich schon im dritten Bild ab, wo die drei Schwestern, dem Backfischalter eben entronnen und zwei von ihnen bereits verheiratet, dem Fotografen stolz entgegen blicken, während der Vater noch unglücklicher und unscheinbarer und die Mutter noch starrer und depressiver aus dem Bild heraus blicken.

Auf dem letzten Foto sitzt mein Vater, seiner eben vermählten ersten Ehefrau zärtlich die Hand reichend, ganz außen am Bildrand des Fotos. Er musste für das leicht exaltiert wirkende junge Fräulein sicherlich eine gute Partie gewesen sein! Mein Vater stand zu jener Zeit im Besitz eines beträchtlichen Familienvermögens. Mehrere hunderttausend Franken, die heute Millionen wert wären, standen ihm zur Verfügung. Entsprechend steht der Herr auf dem Foto, das ihn 1922 als frisch Verheirateten zeigt, als deutlich kaltherziger, etwas versnobter Intellektueller da. Über sein scharf geschnittenes Gesicht weht ein Hauch von Hochmut und Überheblichkeit, während seine Frau, die andächtig neben ihm steht, eher kühl und berechnend wirkt.

Tuberkulose

Die Tragik der Familie war schließlich eine doppelte. Einerseits war es die verheerende Tendenz zu offener Gewaltanwendung, die sich über die kommenden Generationen hinweg fortsetzen würde, und zweitens die tödlich wirkende Tuberkulose, die schließlich die ganze Familie, den Schwiegervater, die Schwiegermutter, zwei Tanten, zwei Schwägerinnen und ebenso – die erste Frau meines Vaters, innerhalb weniger Monate dahinraffen würde.

Da stand er nun, mein Vater, ein Jahr später, der verlassene Witwer, ohne Frau und ohne Familienvermögen, das wegen der Weltwirtschaftskrise und der beträchtlichen Krankheitskosten verloren gegangen war, mit zwei halbwüchsigen beziehungsweise tuberkulosekranken Töchtern. Er brauchte eine Ersatzmutter, meine Mutter, die sich ängstlich versteckte, als mein Vater kam, um um ihre Hand anzuhalten.

Sie war zwanzig Jahre jünger als mein Vater. Sie war hübsch, hatte ein leicht ovales Gesicht, was durch ihre vom zentralen Mittelscheitel zweiseitig glatt nach hinten gekämmten Haare, die hinten in einem dünnen Haarknoten zusammenliefen, noch unterstrichen wurde. Ihr Mund zeigte harmonisch geschwungene Lippen und freundlich hoch gerichtete Mundwinkel. Ihr Hals war lang und schmal. Ihre kastanienbraunen Augen blickten hinter den etwas antiquiert wirkenden, kreisrunden und schwarz umrandeten Brillengläsern etwas verloren in die Welt.

Die junge Braut hatte erfolgreich eine kaufmännische Banklehre abgeschlossen. Alle Aufgaben, die sie erledigte, sowohl im Beruf als auch privat, erfüllte sie mit größter Gewissenhaftigkeit. Nie hätte sie Termine vergessen oder schlechte Arbeit abgeliefert.

Studienbeginn

Ich erinnere mich noch deutlich an den ersten Morgen, als ich im „Auditorium Maximum" die Mathematikvorlesung besuchte. Ich kam mir klein und hilflos vor. Selbstverständlich war mir vieles noch fremd. Ich begegnete Menschen, die sich schon lange kannten, die sich schon hier oder dort begegnet waren. Es war, als ob mich die Hochschule, die sich über die halbe Stadt erstreckte, mit Haut und Haaren verschlingen würde.

Es gab Studenten aus allen Herren Länder. Da gingen neben mehrheitlich Deutschen zahlreiche Japaner, Chinesen, Afrikaner, selbstverständlich auch Holländer und Belgier, Inder und Araber ihrer Wege. Sie tauchten plötzlich aus irgendwelchen Vorlesungen oder Übungen kommend oder von verschiedensten Vorhaben geleitet in irgendwelchen Durchgängen oder Fluren auf, in irgendwelche Labors oder Institute wechselnd, querten hier oder dort verschiedene Räume oder liefen treppauf und – trepphinunter, um im nächsten Augenblick durch irgendwelche Türen oder Nebenräume wieder zu entschwinden.

Sie liefen oder eilten, Taschen, Stapel von Büchern oder Hefte, selten auch Kisten oder Rollen tragend, von einem Gebäude zum nächsten, als ob es auf der ganzen Welt nichts anderes beziehungsweise wichtigeres zu tun geben würde, als gerade diesen Ordner oder jenen Plan in dieses oder jenes Gebäude zu tragen. Es war ein Kommen und Gehen.

Der Schrei

Mit vier Jahren geschah das Unbegreifliche. Mitten in der Nacht war meine Mutter aufgestanden und hatte das Haus verlassen. Es war, als ob sie nie mehr zurückkommen würde. Ich hatte Angst, meine Mutter zu verlieren und hatte das Gefühl, vollkommen verlassen zu sein. Ich spürte, dass ich ohne meine Mutter der Willkür meines Vaters und der beiden Halbschwestern ausgeliefert wäre. Ich rannte voller Angst in die Nacht hinaus und umrundete laut schreiend das Haus, bis ich vor der Ateliertüre – vollkommen aufgelöst – in die Arme meiner Mutter fiel. Mein Vater hatte wegen der vielen Auftragsarbeiten Nachtschichten eingelegt, und die Mutter hatte zu seinem Wachbleiben Kaffee und Kekse hinübergebracht. In diesem Augenblick spürte ich deutlicher denn je, dass mir meine Mutter „ein und alles war". Nie hätte ich ohne sie überleben können …

Mandeloperation

Ich war ein kränkelndes Kind. Jedes Jahr litt ich an Halsentzündungen und vereiterten Mandeln, die mir schließlich entfernt wurden.

Behutsam wurde ich in ein Tuch eingewickelt auf einen Stuhl, besser gesagt, auf meine Hände, gesetzt. Nach den letzten Vorbereitungen hielt man mir eine Haube vor das Gesicht. Das war ein eigenartiges Gefühl: Ich spürte, wie ich, obwohl ich noch bei Sinnen war, langsam die Kontrolle verlor.

Plötzlich wurde es rot vor meinen Augen. Ich sah einen Teppich mit symmetrischen Mustern. Ich wusste nicht, ob ich noch wach war oder bereits schlafen beziehungsweise träumen würde. Um mich zu vergewissern, bohrte ich meine Nägel in die Handballen und spürte deutlich deren Druck.

Ich hörte Stimmen: „Tue schnufe, tue schnufe" (atmen)!

Schlief ich oder war ich noch wach? Ich hörte die Stimmen abwechslungsweise von einer Frau und einem Mann: „Tue schnufe, tue schnufe!" Auf einmal wurden die Stimmen lauter und deutlicher. Ich verstand, dass das echte Stimmen waren. Ich erwachte aus einem merkwürdigen Traum und blickte in das freundliche Gesicht der Arzthelferin, die laut zu mir sagte: „Tue schnufe, tue schnufe!" Wieder verlor ich die Besinnung, nicht aber meine Wahrnehmung. Ich hörte plötzlich: „Ich glaube er schläft." In Panik wollte ich mich bemerkbar machen und zog den Äther in tiefen und energischen Zügen in mich hinein. Dann wurde ich bewusstlos …

Wieder sah ich Gestalten, die sich vor mir bewegten. Ich verspürte in meinem Mund einen heftigen Schmerz und wollte in die Höhe schnellen. Ich konnte mich aber nicht bewegen, weil ich rundherum gefesselt war und auf meinen Händen ruhte.

Wieder erlangte ich das Bewusstsein. Mein Mund war aufgesperrt. Ich spürte, wie in meinem Mund gearbeitet wurde. Jetzt fuhren wilde Gedanken durch meinen Kopf. Ich dachte an Operationen, bei denen man nicht aufwachen durfte, – und ich war wach! Ich hatte Todesangst. In großer Panik wollte ich aufstehen und davonlaufen. Es ging aber nicht, weil ich mit straffen Bändern an meinen Stuhl gefesselt war. Dann vernahm ich beruhigende Worte. Schließlich fügte ich mich in mein Schicksal. Ich spürte, wie mir Mandel um Mandel abgezwackt wurden. Ich spie Blut in die Gummischürze und wurde von meinen Fesseln befreit. Dann wurde ich sachte zu meinem Bett geführt, auf dem ich mich ausruhen konnte.

Menschen wie „du und ich"

Meine Bundesbrüder waren allesamt „Nachkriegs-" beziehungsweise „Kriegsüberlebenskinder". Trotzdem gab es nie Gespräche. Kriegsereignisse und Nachkriegserlebnisse blieben tabu. Ich hatte nie jemanden erlebt, der sich als Bewunderer Hitlers, Anhänger des Nationalsozialismus oder als Soldat des Heeres bekannt hätte. Meine Bundesbrüder waren ausnahmslos normale und liebenswürdige Mitmenschen, – wie „du und ich".

Der Trick

Der Hausarzt empfahl meiner Mutter, meine Brust mit Speiseöl einzureiben. Das würde Wunder wirken. Vermutlich war es nicht das Speiseöl, sondern die ärztlich verordnete Einreibungs- beziehungsweise Zärtlichkeitsprozedur, die schließlich Heilung brachte.

Die Flucht aus dem Kindergarten

Mit dem Eintritt in den Kindergarten war die Kindheit vorbei. Das musste ich gespürt haben, weswegen ich schon am ersten Kindergar-

tenmorgen wieder entfloh. Auf gleichem Weg durch die halbe Stadt zurück, rannte ich, um in den mütterlichen Schoss, aus dem ich eben vertrieben worden war, zurückzukehren. Ich war noch nicht bereit, die Freiheiten meiner Kinderzeit kampflos aufzugeben, – und musste gespürt haben, dass noch lange – sechzehn Jahre dauernde – Schul- und Ausbildungsjahre vor mir lagen.

Traugott Grüter

In der oberen Etage wohnten die Grüters mit zwei halbwüchsigen Knaben, Johannes und Ludwig, und dem älteren Halbbruder Eduard Harms.

Herr Grüter, der Vater der beiden Buben, arbeitete im Atelier meines Vaters und träumte davon, ein eigenes Geschäft zu besitzen. Im Geheimen stellte er aus Einzelstücken und Altmetallteilen selbst gebastelte Drehbänke, Bohrmaschinen, Fräsen und Schleifmaschinen her, die er im für seine Familie reservierten Estrichabteil unter grauweiß gestreiften Abdecktüchern versteckte. Mein Vater ahnte von diesem Vorhaben und setzte sich von Zeit zu Zeit über den Stand des geheimen Maschinenparks in Kenntnis, indem er in den Estrich hinauf stieg und das Anwachsen des mechanischen Arsenals begutachtete.

Herr Grüter war auch Kunstmaler. Die Bilder zeugten von solidem Können. Da er leicht farbenblind war, hatten seine Werke nicht selten einen leichten Grün- bis Rotfarbenstich, der aber die Einzigartigkeit der Bilder nur noch erhöhte, – oder sie gerieten, wenn übertrieben aufgetragen, zu eigenartiger und leicht irritierender Vielfarbigkeit.

Herr Grüter hatte auch noch andere Vorhaben. An langen Wochenenden arbeitete er an einer vielversprechenden Segelbootkonstruktion, die anstelle von Segeln von einem äußerst originell konzipierten Propellermechanismus angetrieben werden sollte. Leider funktionierte die von ihm ausgeklügelte Antriebsmechanik nie zufriedenstellend. Schließlich schliff Herr Grüter für verschiedene Privat-

personen und für ein weltumspannendes Optikunternehmen sphärische Linsen. Auch in dieser Tätigkeit brachte er es zu verblüffender Meisterhaftigkeit.

Die Söhne standen, was Ideenreichtum und Originalität betraf, ihrem Vater nicht nach. Niemals hatte ich ein von Kinderhand gefertigtes Propellerflugzeug des Typs „Mustang" von solch erlesener Kunstfertigkeit gesehen. Aus Heftkarton geschnitten und geklebt, mit Schokoladenstanniolpapier faltenlos bespannt schoss es mit selbst gefertigter und bunt bemalter Gipsmännchenbesatzung vom Fenster des zweiten Stockwerks in die Tiefe, umkreiste Pflaumen-, Äpfel- und Quittenbäume, um über die Spitzen der Bohnenstangen hinweg sanft und sicher auf dem Kies des Hausvorplatzes zu landen …

Auf der Hörn

Mehr als zwei Jahre lebte ich im Aachener Verbindungshaus. Dieses stand etwas abseits des Hochschulgeländes, auf der „Hörn", und war im Stile eines englischen Landhauses erbaut. Im Erdgeschoss befanden sich ein kleiner Aufenthaltsraum mit bequemen Ledersesseln und der große Festsaal, der durch eine hölzerne Schiebetüre in zwei gleich große Räume aufgeteilt werden konnte. Auf der linken Seite gab es eine Theke mit einer stets funktionierenden Bierzapfstelle.

Mehrmals pro Jahr gab es Tanzveranstaltungen. Dazu wurden in der Regel die heranreifenden Töchter der „Alten Herren", nicht selten adligen Geblüts, oder Freundinnen beziehungsweise Frauen der Bundesbrüder eingeladen.

Der Karneval stellte den Höhepunkt des Studienjahres dar. Dazu wurde das ganze Erdgeschoss in einem mindestens dreiwöchigen Arbeitseinsatz im Hinblick auf ein spezielles Thema umgestaltet. Einmal waren es Karibikträume, ein anderes Mal Wildwestromantik oder Arabernächte, die in einer fantasievoll gestalteten Kunstlandschaft aus Pappe und Papier ihren bildhaften Ausdruck fanden.

Der Amoklauf

An einem warmen Sommernachmittag, ich musste etwa sechs Jahre alt gewesen sein, lief ich splitternackt auf die Straße hinaus. Dieser Amoklauf ohnegleichen war mit dem vagen Gefühl verbunden, etwas unendlich Schlechtes und außerordentlich Verbotenes zu tun. Wahrscheinlich war diese Handlung mein letzter erfolgloser Versuch gewesen, die innere Verzweiflung einer breiteren Öffentlichkeit bekannt zu machen.

Aarau

Meine Familie wohnte in Aarau, einer mittelgroßen Stadt des schweizerischen Mittellandes. Das Jugendstilhaus, das heute unter Denkmalschutz steht, stand an einer viel befahrenen Ausfallstraße. Der Verkehr rollte auf den Pflastersteinen Tag und Nacht an unserem Haus vorbei. Man gewöhnte sich daran. Vor dem Gebäude lag ein weitläufiger Garten, mein Paradies, mit einer alles dominierenden Trauerbuche, die auch mit den allerstärksten Kinderarmen niemals zu bezwingen war, und einem Spitzahorn, der zu jeder Jahreszeit ein anderes Festkleid trug, einem Spalier kurzstämmiger Birnbäumchen und einem trocken gelegten, mit mittelgroßen Kalksteinen umfassten Fisch- beziehungsweise Ententeich, der zu jener Zeit, – aus verständlichen Gründen, – weder mit Fischen noch mit Enten besetzt war.

Die riesige Buche war eine stadtbekannte Attraktion. Jedes Jahr anfangs Mai entfaltete sie aus spitzen Knospen ihr grünes Blätterkleid, an dem sich in der Folge Heerscharen gieriger Blattläuse und alle vier Jahre gefräßige Maikäfer gütlich taten. Im Laufe des Som-

mers wechselte ihre Farbe vom zartfrischen Hellgrün zu einem bläulich schimmernden Dunkelgrün, um in den herannahenden Herbsttagen mit frischen und hellgrünen Trieben die seitlichen Flanken neu zu dekorieren.

In den späten Herbsttagen fielen die Blätter von den Ästen, und die aufkommenden Stürme fegten die letzten Reste von den Zweigen. Auf dem Boden türmten sich die Haufen, in die man kopfvorüber hineinstürzen konnte. Das lustige Treiben fand schließlich ein Ende, wenn es galt, im Rahmen eines ad hoc organisierten Familieneinsatzes das dürre Laubwerk in Säcke abzupacken und in die städtische Abfallgrube zu fahren. Abfallgrube? Heute stehen dort Mehrfamilienhäuser, und niemand wird vermutlich wissen, auf welchen Giften diese sitzen.

Indianerland

Unter den Birnbäumchen, um die Steinanlage und den Weiher herum bis unter den Stamm des Ahornbaumes erstreckten sich die weiten Jagdgründe des Indianerlandes, – wo es genügend Raum gab für bunte Kinderspiele. Die Spielfiguren, in erster Linie Indianer mit Ross und Reiter, Krieger, Zeltlager und Marterpfähle, wurden anfangs mit einer Laubsäge aus dünnem Holz gesägt und handbemalt, später als fertige Elastolinfiguren im Spielwarenladen gekauft. Es wurde verhandelt und gekämpft, je nach Stand der Dinge. Die Szenen wechselten von Tag zu Tag.

Die Feinde wurden abgeschlachtet, Verräter gemartert, die Siege gefeiert und Niederlagen betrauert, genau so wie sich die kindlichen Gemüter Karl Mays Indianergeschichten ebenso vorzustellen vermochten. Als Kampfgeräte dienten weder Tomahawk noch Bogen, sondern Gummiringe, die aus alten Fahrradschläuchen geschnitten wurden. Diese Geschosse, über den linken Daumen gespannt und mit dem rechtem Daumen und Zeigefinger straff nach hinten gezogen, ergaben Geschosse verheerender Wirkung. Gut gezielt konnte mit geübter Hand auf zwei bis drei Meter jeder Gegenstand mit einem einzigen Schuss von dannen gefegt werden.

In den Steinfelsen der Weiheranlage verbargen sich die gut getarnten Lager der Delawaren, während die Sioux, eher der Jagd zugeneigt, unter den Birnbäumchen und in den weitläufigen Rasenflächen ihre Zelte aufbauten. Diese Indianerwelt ging, nicht anders als in Amerika, tragisch zu Grunde, als in Spielwarengeschäften erstmals blecherne Spielzeugpanzer zum Aufziehen, mit Gummiraupen versehen und Knallpetarden ausgerüstet, zu erwerben waren. Als Panzermunition dienten dann Geschosse, die nicht aus einem einzigen, sondern aus drei bis vier hintereinander geknoteten Gummiringen bestanden. Diese „Granaten" entfalteten eine solche Wucht, dass sie mit einem einzigen Wisch ein ganzes Indianerlager mitsamt Totempfahl und Pferdekoppeln vernichten konnten.

Nach den Indianerkriegen gab es Sandkastenspiele. Es wurden Burgen gebaut und Tunnel gegraben. Als Soldaten dienten selbst gefertigte Karton- oder in Plastilinformen gegossene Gipsfiguren, oder auch Maikäfer, wenn Flugjahre waren. Mein Bruder, Erfinder und Pröbler schon zu Kinderzeiten, vermengte Sand und Wasser so geschickt zu einem feuchten Brei zusammen, dass sich sein „Mörtel" in der sengenden Sonne zu einem zementartig verfestigten Bollwerk verdichtete. Wieder war „sechs-Jahr-älter-sein" Sieg verheißend. Bruders Burg war mit den längsten Gummigeschossen nicht mehr zu brechen. Also schlich ich mich eines Abends in den Garten und trat mit meinen Schuhen Bruders Burg in Stücke. Es war das letzte Mal, dass er mit mir gespielt haben sollte.

Auf Kriegswirtschaft eingestellt

Die Hinterseite des Hauses gehörte zum Reich meiner Mutter und war für Kinderhorden tabu. Da gab es für Kinderaugen außer Amei-

senkolonien, die in langen Karawanen ihrer Wege zogen, und regenbogenfarben schillernde Schneckenspuren, die aus den Büschen zu den Salatköpfen und wieder zurück führten, nichts Wichtiges zu entdecken. Hier standen Quittenbäume, reiften Rosen- und Klaräpfel und lagen Gemüsebeete, über die sich an langen Sommernachmittagen der gekrümmte Rücken meiner Mutter beugte. Außer zwischen den Bohnenstangen, in denen man sich zu Mutters Missbehagens gut getarnt in Richtung der erlösenden Holzscheite schleichen konnte, gab es im Vergleich zum gewaltigen Stamm der Trauerbuche, hinter dem man sich vollständig verbergen konnte, wenig Deckungsmöglichkeiten. Die besten Schleichwege führten hinter dem Maggistrauch, unter der Magnolie hindurch, der Atelierwand entlang in den Hühnerhof hinüber, in dem es zwar reichlich Exkremente, aber keine Hühner mehr gab, direkt hinter den Johannisbeersträuchern entlang zu den Bohnenstangen. Von dort war es nur noch ein kurzer Sprung, um die gefangenen Spielkameraden mit einem kräftigen Stoß an die Holzscheitpyramide zu „befreien". Es war dies eine tolle Spiel- und Abenteuerumgebung, die genügend Möglichkeiten bot, sich ausgiebig auszutoben. Die einzigen ernst zu nehmenden Hindernisse waren und blieben die von meinem Bruder mit viel Liebe bepflanzten Blumenrabatten, die wie die Gemüsekulturen als Ganzes dem Bereich der Mutter angehörten und unter allen Umständen zu verschonen waren.

Das war nicht immer so! Während des zweiten Weltkrieges war der Garten, auch die Flächen vor, neben und hinter dem Haus, wie überall in den Städten, auf Kriegswirtschaft eingestellt. Anstelle der Rasenflächen waren Gemüsebeete angelegt, in denen neben Kartoffeln auch Lauch, Rosen- und Blumenkohl, Sellerie und Kefestauden wuchsen. Und hinter dem väterlichen Atelier lag besagter Hühnerhof. In diesem lebten sieben stoisch hin und her stolzierende Hühner und „Peterli", der Hahn. Und „Mayeli", das Prügelmädchen, hatte zwar weder Federn am Hals noch Fleisch am Knochen, umso mehr legte es trotz aller Widerwärtigkeiten seines tristen Erdenlebens jeden Morgen sein viel begehrtes „Überlebens-Ei".

„Unter Tage"

Eine der Grubenbesichtigungen sollte unvergessen bleiben: Unsere Gruppe traf sich in der Eingangshalle des Verwaltungsgebäudes der Bergwerksgesellschaft. Aus anfänglich unerfindlichen Gründen wurde es mir augenblicklich schlecht. Das hatte einen Grund. Anlässlich der Begrüßung wurde den Gästen mitgeteilt, dass das Fundament des Gebäudes von Osten nach Westen einen halben Meter absinken würde. Aber, warum stand dieses Haus so schief in der Welt? – Ich würde es bald erfahren.

Anschließend an die einleitenden Worte wurden die Besucher in weiße Kittel eingekleidet und mit Schutzhelmen und Brillen versehen. Dann ging es „unter Tage". Mit der Seilbahn, deren Kabel über die Räder der weithin sichtbaren Bergwerkstürme liefen, wurden die Teilnehmer auf die zweitunterste Stufe des Bergwerksbetriebes, – auf unter eintausend Meter Tiefe – gefahren. Dort war es „höllisch" heiß und stickig. Den Besuchern blies ein kalter Wind entgegen, der die Aufgabe hatte, die giftigen Gase aus den Grubenschächten wegzuführen.

Diese Gase, in erster Linie Methan, Kohlendioxyd beziehungsweise -monoxyd, drangen aus Ritzen und Spalten und sammelten sich im Netz der sich weit verzweigenden Arbeitsstollen. Sie waren gefährlich! Aus diesen Gründen wurden sie mittels eines kontinuierlichen Luftstroms abgesaugt und gleichzeitig Frischluft und Sauerstoff zugeführt.

Das Gasgemenge war aber nicht nur giftig, sondern auch explosiv! Früher hatten die Bergleute, so wurde berichtet, Kanarienvögel mitgenommen. Wenn diese von den Stängelchen fielen, sei es Zeit zum Gehen gewesen. Später seien gefährliche Gaskonzentrationen anhand speziell konstruierter Grubenlampen angezeigt worden. Diese seien so gebaut gewesen, dass die Flamme durch ein feines Drahtgitter abgeschirmt worden sei. Wenn gefährliche Gase zugegen waren, habe es am Gitter geknistert.

Hin und wieder sei es trotz vieler Sicherheitsmaßnahmen zu verheerenden Katastrophen gekommen. Man habe diese Vorfälle „schlagende Wetter" genannt, weil die tödlichen Explosionswellen im unterirdischen Stollenlabyrinth so lange hin und her geschwappt seien, bis die Explosionsenergie endlich verpufft gewesen sei. Der Explosionsdruck sei aber nicht das Schlimmste gewesen. Fatal habe sich besonders der Umstand ausgewirkt, dass als erstes der Sauerstoff weggebrannt sei. Die Bergleute seien an Ort und Stelle erstickt …

Auf einem Transportband für Abraum und Kohle liegend erreichten wir die schließlich die Kohlefront, welche das „Gold" der Grube darstellt. Dort ging es wie in der Hölle zu. Wenn es tatsächlich eine Hölle gibt – dann hier …!

Im Halbdunkel rackerten sich halbnackte und schweißtriefende Männer, deren Körper mit blauschwarzen Striemen gezeichnet waren, im kalten Sog des Luftstroms fast zu Tode. Direkt am Kohlenflöz entlang, das eine „Mächtigkeit" von etwa einhundertsiebzig Zentimeter hatte, schrammte der elektrisch betriebene Kohlehobel hin und her und riss mit gewaltigem Getöse die schwarz glänzenden Kohleklumpen aus der Wand. Diese stürzten polternd auf das Gummiband hinunter und wurden augenblicklich in die rückwärtigen Bereiche zurückbefördert. Hinter der Arbeitsfront wurden mit Luftdruck schwere Eisenstützen, Stempel genannt, die das Einstürzen des Stollens verhinderten, an die Decke gepresst und mit Splinten versehen. Und gleich dahinter, hinter den vordersten Stempeln, wurde in einem Inferno ohnegleichen die hintersten Stützen wieder herausgerissen. Letzteres führte nach wenigen Minuten zum Einbrechen der betreffenden Deckenabschnitte, ein infernales Zusammenbrechen der kompakten Felsmaßen, das sich in wenigen Stunden bis an die Erdoberfläche fortsetzen würde.

Die Steinbrocken brachen knallend aus den Wänden und prasselten laut krachend auf den Boden. Nicht selten sprangen einzelne Felsstücke bedrohlich in Richtung Bergleute oder prallten an die Stempel, die nicht rechtzeitig herausgezogen werden konnten. Hin und wieder wurden einzelne Stützen unter der Wucht der herabstürzenden Massen buchstäblich zermalmt.

Dieses Zusammenbrechen der Decke führte schließlich wie oben angedeutet zu den Bergschäden an der Erdoberfläche, die die Bergbaugesellschaften nachträglich zu berappen hatten. – Das war also der tatsächliche Grund für das seitliche Abdriften des obigen Verwaltungsgebäudes.

Weihnachten

Das war zu viel, diese Nacht vor Weihnachten. Ich begriff schon als kleines Kind, was die Relativität des Zeitempfindens bedeutet. Ich wälzte mich in meinem Bettchen hin und her und sehnte mich auf den kommenden Tag, – den 25. Dezember. Das Warten gedieh zur größten Qual. Ich wusste mich der gespannten Erwartung nur durch das schnelle Einschlafen zu entziehen, das wegen der inneren Erregung gerade in diesen Vorweihnachtsnächten schmerzlicher denn je auf sich warten ließ.

Endlich die Erlösung! Irgendwann musste ich doch eingeschlafen sein. Und jetzt war endlich wieder Morgen – und Weihnachten – das Fest der Liebe – und vor allem, – das Fest der Geschenke!

Das größte Glück! Nur noch wenige Stunden. Aufstehen – an den Christbaum denken – Frühstücken und – wiederum an den Christbaum denken. Welche und wie viele Geschenke würde es geben? Zähne putzen, den Geschenkkorb, der mit Päckchen randvoll angefüllt war, begutachten. In den Garten laufen, in der Wohnung herumlau-

fen und wieder einen kurzen Blick auf die mit Kugeln, Engelchen, an dünnen Fäden hängenden und mit glänzendem Silberpapier umwickelten Mandarinen, mit bunt bemalten Glasvögeln und Engelshaar geschmückte Tanne werfen. Mittagessen. Endlich würde er kommen, der ersehnte Augenblick. Nur noch wenige Stunden bis zum Kerzenanzünden. Etwa um halb drei Uhr am Nachmittag war es endlich soweit. Onkel und Tante waren gekommen. Endloses Grüßen und Reden, ebenfalls mit vollen Taschen. Ich war gespannt wie eine Stahlfeder! Wieder warten – warten, warten und – ausharren. Immer dieses endlose und schmerzvolle Warten auf den größten Augenblick des Jahres, eigentlich des Lebens, des ganzen Lebens. Denn jedes Jahr war ein ganzes Leben ...!

Endlich wurden die Türen geschlossen. Ein deutliches Zeichen. Ein heimliches Verhüllen vor der letzten großen Öffnung!

Der Vater zündete die Kerzen an, die einen wachsigen Geruch verströmten. Dann ertönte das Signal! – Das Zeichen des Beginns ...

Die Türen wurden geöffnet und alle, die Geschwister, vier an der Zahl, die Tante, der Onkel, die Hausangestellte, der Schwager, der nicht so recht in die Familie passen wollte, der Prediger, die Mutter und schließlich der Vater drängten in das festlich geschmückte „Herrenzimmer“. Die Kerzen des Weihnachtsbaums spiegelten sich in den kaleidoskopisch aufleuchtenden Kinderaugen ...

Dann begann das „Fest der Liebe“! Erst ein entzücktes In-die-Kerzen-Staunen, dann das Gebet, der Dank an Gott, der alles bescherte, dem alles zu verdanken war, die Predigt, die letzte Aufforderung, sich zu bekehren, zu Gott dem Erlöser und Heilsbringer zurückzukehren, in letzter Sekunde vor dem nahenden Untergang. Es blieben nur noch, so wurde behauptet, wenige Wochen zur rettenden Umkehr, zur Bekehrung zu Gott, um zum Kreis der Auserwählten, der Glücklichen, der letzten Überlebenden zu gehören ...

Der Prediger rief:

„Es ist Jesus allein. Es ist unser herrlicher Heiland ganz allein, der teuerste Schatz unserer Herzen. Er ist unser Lebensspender in all

unseren Lebenslagen. Er ist unser Reichtum an himmlischen Gütern, aber auch unsere Hilfe und Rettung im täglichen Leben. Er ist unser Leben für diese wie für zukünftige Welten. Jesus ist uns alles in allem, unser Herzensglück und unsere ewige Freude."

Der Prediger kam in Fahrt. Er sprach äußerst eindringlich, fast flehend, dann wieder drohend mit den Armen fuchtelnd und beängstigend. Ich fühlte mich klein und nichtig. Ich war angesichts meiner wenigen Jahre noch viel zu klein, um zu begreifen, und fühlte mich angesichts der drohenden Gebärden noch kleiner als gewöhnlich. Des Predigers Tiraden fuhren wie Säbelhiebe in meine Seele. Ich wollte ein wohlgefälliges Kind sein, zur Elite der Menschen gehören. Es war ja gut, dazu zu gehören, das Glück zu haben, solche Eltern zu haben, Auserwählte des Herrn, Helden des Glaubens, die Größten weit und breit, – zu sein. Die einzigen, die „das Licht" hatten, die Anteil an der Wahrheit Gottes hatten! Welch ein Glück – solche Eltern zu haben …!

Der Fußball

Nach dem langsamen Abbrennen der Kerzen und den ausklingenden Melodien der etwas mutlos dahin gesungenen Weihnachtslieder „Oh Du heilige, …", „Es ist ein Ros entsprungen, …" usw. ging es endlich zur Sache, – zu meiner Sache! Der überquellende Geschenkkorb wurde endlich freigegeben. Ich fasste die Päckchen eins nach dem andern, ließ den auf das bunte Geschenkpapier ungelenk hin gekritzelten Namen von irgendwelchen Leuten, die gerade neben mir standen oder saßen, entziffern und brachte, quasi als Glücksbringer des Herrn, die Gabe zu den Beschenkten …

Wieder nichts! Trotzdem stapelten sich auf meinem Sessel die Pakete, vor allem das mit größter Inbrunst erwartete „Etwas", – das lederne „Runde", – der obligate Fußball! Jedes Jahr erhielt ich das neueste Produkt des mit goldgelbem Leder vernähten Utensils, der größten und konstantesten Seligkeit meiner Kindheit!

Ermattet und völlig außer mir ließ ich mich in den Stuhl zurück fallen. Um mich herum lagen zerknüllte Papierfetzen und flüchtig aufgerollte Goldbändel. Bücher stapelten sich auf den Stühlen, Hefte auf dem Tisch, Socken, Farbstifte, eine Eisenbahn aus Holz, ein Indianer aus Elastolin – und immer wieder dieser Ball! – Mein Fußball! Meine Mutter blätterte in der Bibel, der Onkel blickte glücklich und die Tante verzückt im Zimmer umher, und eine der Halbschwestern zählte hinter dem stark nach heruntergebrannten Kerzen duftenden Weihnachtsbaum nur dürftig versteckt, das Geld, das sie erhalten hatte.

Als Säugling war es die atmosphärische Stimmung, die sich in Verbindung mit dem Kerzenfanal als unauslöschlicher Eindruck in meine Seele grub. Als Ein- bis zweijähriger der erste überwältigende Eindruck dieser Feier: Da musste etwas Gewaltiges geschehen sein! Als Dreijähriger waren es die Geschenke, die mir wie aus dem Nichts heraus in den Schoss fielen. Als Vierjähriger war es bereits die bewusste Verknüpfung zwischen dem Wohlverhalten des Kindes, dem Wohlwollen Gottes und der seligen Bescherung aus dem von vielen Geheimnissen umrankten Himmel. Als Fünfjähriger, Sechsjähriger oder als Siebenjähriger gruben sich feste Gedächtnisspuren in die Seele, mit dem Inhalt, dass ich nur gefügig und vor allem gottesfürchtig zu sein hatte, um mit Geschenken überhäuft zu werden. Es war zwar nicht die bewusste Absicht meiner Eltern, diese Verknüpfung herzustellen. Das ganze Drumherum, die Atmosphäre, die Drohungen und die Verheißungen auf das Glück der Erde hinterließen aber Furchen, Spuren im Gehirn. Diese Bilder ließen sich nicht mehr auslöschen, aus dem Gedächtnis tilgen. – Sie saßen fürs ganze Leben …!

Schachtelhalme und Schuppenhölzer

Mit der Grubenbesichtigung in Nordrhein-Westfalen hatte es eine weitere Bewandtnis. Ich konnte am natürlichen Objekt beobachten, dass an den Felsdecken über den Kohleflözen nach dem Herauskratzen der Kohle deutlich die versteinerten Abdrücke von Bäumen, Farnblättern, Schachtelhalmen und Schuppenhölzern zu erkennen waren.

Ich war überrascht. Vor meinen Augen befand sich der unwiderlegliche Beweis, dass sich die Erdkruste mit ihrer ganzen tektonischen und mineralischen Vielfalt nicht während einem einzigen Schöpfungsakt gebildet haben konnte. Das war einfach nicht möglich. Diese Strukturen konnten sich nur im Laufe von Jahrmillionen gebildet haben …

Die Welt der „Dichter und Denker"

Es gibt einen Augenblick in meinem Leben, den ich nie vergessen werde. Er ist mit äußerster Genauigkeit in mein Gedächtnis eingegraben. Ich sehe mit fotografischer Deutlichkeit jedes einzelne Detail vor mir, die hellgraue Hauswand mit den dunkelgrauen Poren, die von der Witterung herrühren, die gelbgrünlichen Flechten, die Schneekristalle, die an den Rändern abschmelzen, die durchschimmernden feinen Körnchen der Dachpappe, bei denen oben etwas Weißes aufleuchtet, die grüne Ateliertüre mit den Staubresten auf den Querleisten, die dunkle Nässe auf dem Betonboden unter dem Atelierdach, die Form von Tintenklecksen annehmend, ich rieche die Feuchte des auftauenden Schnees, – als ob es heute gewesen wäre:

Ich war sieben Jahre alt und saß auf dem Dach des Fahrradunterstandes. Es lagen zwei Zentimeter Schnee. Ich schrieb mit dem Finger vier Buchstaben in das Weiß: Ein „S", gerade so, wie ich es am selben Morgen in der Schule gelernt und hundertfach aufgeschrieben hatte. Intuitiv schrieb ich weiter: „U", „S", „I" …und begriff mit einem Schlag, dass sich die Welt verändert hatte. Die einzelnen Buchstaben „S", „U", „S", „I" ergaben einen Sinn! Wenn ich die Buchstaben aneinander reihte, entstand eine Sprachmelodie, die ich erkannte. Sie bedeutete als Ganzes genommen „Susi" und bezeichnete meine etwas vorwitzige Schulkameradin. Wie ein Blitz fuhr es durch mich hindurch, als ich realisierte, dass ich ab sofort „lesen" und „schreiben" konnte, dass sich mir Zeitungen, Bücher, Briefe, kurzum „die ganze Welt" erschlossen hatte.

Dieses Erlebnis brannte sich als gewaltiges seelisches Erlebnis in mein Bewusstsein ein! Es war nicht das Lesen und Schreiben, das wichtig war. Es bedeutete mehr. Es bedeutete teilhaben und Mitmachen. Es eröffnete die Welt der Dichter und Denker. Als Lesender und Schreibender konnte ich die Welt entdecken. „Lesen" und „Schreiben" machten mich frei, frei von einfachen Vorstellungen, und weit, – eine Weite, die weit in die Vergangenheit und weit in die Zukunft weisen würde …

Wer schreibt das Buch?

Es musste in dieser Zeit gewesen sein, vielleicht ein wenig früher, als ich stets darunter litt, dass ich unruhiger, störender, unwissender, schmutziger, frecher und kleiner war als meine um drei Jahre ältere Schwester und mein um sechs Jahre älterer Bruder. Wegen dieser Empfindung hatte ich stets das Gefühl, ein schlechter Junge zu sein. Ich haderte mit meinem Schicksal, immer in der Hoffnung, dass es mir gelingen möge, meine Geschwister, vor allem meinen Bruder, an Jahren ein- oder besser – zu überholen. Es sollte mir nie gelingen …

Irgendeinmal realisierte ich, dass ich nur deswegen unruhiger, unwissender, schmutziger und so weiter war als meine Geschwister, weil ich jünger und unreifer war als diese. Irgendeinmal würde ich auch ruhiger, wissender beziehungsweise sauberer sein. Diese Einsicht erlöste mich von meiner Pein, – und ich dachte:

„Warum gibt es nicht ein Buch, das den Kindern hilft, sich in dieser schwierigen Umwelt zurechtzufinden? Vielleicht würde ich selber ein solches Buch schreiben …"

Wer interessiert sich schon für Hüttenkunde?

Aachen lag in weiter Ferne, fern der Heimat, – auch der inneren … Ich begann mich zu verändern. Wo blieben die unzähligen Fragen, die mich früher beschäftigten? Seit meinem Studienbeginn hörte ich weder Musik noch las ich Bücher. Nachdem ich früher eine ansehnliche Plattensammlung angelegt hatte und mich öfters bei klassischer Musik oder Jazz entspannte, fiel ich nun in eine eigenartige Interesselosigkeit. Meine zum Teil selbstgebastelte Stereoanlage mit Plattenspieler und Bandanlage blieben unberührt. Nachdem ich mich früher unentwegt und hochmotiviert durch die Weltliteratur gelesen hatte, blieben die Bücher, die auf meinem Nachttischchen lagen, unberührt. Philosophie, Pädagogik und Psychologie, Fächer, die mich früher faszinierten, schienen mir nun fremd und langweilig.

Ich stemmte mich gegen alles, was mir „hoch und heilig" war. Eine einzige Zeile Goethe hätte mein inneres Gleichgewicht zerstört, hätte mir mein inneres Elend deutlicher denn je vor Augen geführt. Ich war blockiert. Das Feuer war erloschen. Es war, als ob ich gegen meine wichtigsten Interessen mächtige Dämme aufgebaut hätte …

Ich begann die Menschen zu verachten. Ich schaute auf sie herab. Meine Überheblichkeit grenzte an Wahn. Andererseits stellte ich fest, wie meine früheren Schulkameraden und Freunde, zum Beispiel Hermann Burger und Kaspar Villiger, sowohl studienmäßig als auch geistig an mir vorüberzogen. Sie studierten Germanistik, Philosophie, Architektur oder ähnliches und schrieben Gedichte. Sie führten interessante Gespräche, die durch ihre Studien befruchtet wurden, zum Beispiel über Robert Musil, Robert Walser, Goethe und Schiller, während ich selber wie ein stummer Fisch in deren Mitte saß. – Wer interessierte sich schon für Hüttenkunde …?

Einmal berichtet Hermann ganz aufgeregt von einem Schriftsteller, Hans Henny Jahnn mit Namen, der auf einer einsamen Ostseeinsel eine promiskuitive Lebensgemeinschaft in einer kleinen Gruppe freizügiger Damen und homosexueller Männer aufgebaut hätte. Damit und mit seinen nur schwer lesbaren Texten würde er die konservativ-bürgerliche Nachkriegsgesellschaft nicht wenig vor den Kopf stoßen. Ein anderes Mal erzählte er von seiner literarischen Neuentdeckung: Günter Grass, dessen „Blechtrommel" man sofort lesen müsse …

Die Seele verloren

Was hatten diese Bemerkungen mit meiner augenblicklichen Situation zu tun? Viel! Meine innere Entwicklung war abgebrochen. Selbst die Glaubensfragen verloren ihren Sinn. Plötzlich war ich nicht mehr in der Lage, Bibliotheken zu besuchen, geschweige denn, in Theater beziehungsweise Konzerte zu gehen. Im Gegenteil. Ich opferte meine vormaligen Interessen auf dem Altar wohlanerzogener Anständigkeit und versank im Morast unerträglicher Durchschnittlichkeit.

– Die Seele war mir verloren gegangen …

Trotz dieser Vorgänge, die mich hätten alarmieren müssen, lief ich von einer Vorlesung zur nächsten. Der Vorlesungsplan für Hüttenleute schrieb für die ersten Semester Fächer wie Mathematik, Physik, Ingenieurstatistik, Statik, Chemie, Physikalische Chemie, Maschinenelemente und Mineralogie vor. Einzelne Vorlesungen, zum Beispiel die große Physikvorlesung vom Samstagmorgen, wurden wie eine Zirkusvorstellung inszeniert. Das Podium war mit unzähligen Instrumenten überstellt. Funken sprühten, Blitze donnerten, Entladungen knisterten. Der Professor arrangierte seine Vorstellung wie ein Zeremonienmeister.

Andere Vorlesungen waren eher langweilig. Kein Vergnügen! Diese Veranstaltungen wurden in der Regel kaum besucht. Schließlich waren es nicht die Vorlesungen, die man bestehen musste, sondern nur die Prüfungen …

Der Stuhl des Predigers

Alle vierzehn Tage war „Versammlung". Schon am Morgen herrschten Hektik und Betrieb. Aber erst nach dem ein wenig spärlicher als sonst aufgetragenen Mittagessen wurden die Räume eingerichtet:

Das „Herrenzimmer" wurde ausgeräumt und das Esszimmer sauber gemacht. Das schwerfällige Sofa wurde seitwärts an die Wand geschoben. Aus dem Estrich wurde ein grüngraues Podest von etwa zwei mal zweieinhalb Metern Abmessung und dreißig Zentimetern Höhe in mühsamen Wendemanövern über zwei Stockwerke hinweg über die enge Holztreppe hinunter bis ins Parterre geschleppt. Dann waren die Klappstühle dran. Diese standen in zwei Reihen unter einem weißgrau gestreiften Leinen im obersten Stockwerk bereit. Immer zwei, bei meinem Bruder drei bis vier auf einmal, ging es von ganz oben bis ganz hinunter ins Esszimmer hinein. Dort wurde das Podium vor das vorderste Fenster gerückt und mit dem bequemsten Sessel des Hauses besetzt: Dem Stuhl des Predigers.

Das mächtige Sofa blieb stets ein hinderliches Utensil. Dieses unförmige und teilweise durchgelegene Fossil, das wie ein müdes Walross längsseits der Zimmerwand lehnte und auf dem ich vor einigen Jahren schmerzvoll auf die Welt gepresst wurde, war während der normalen Tage sowohl des Nachts als Vaterlager als auch tagsüber als Krankenliege im Gebrauch, nahm aber Platz für mindestens sechs Stühle in Beschlag. Dieses Möbel war wegen seiner etwas unhandlichen Konstruktion nicht einfach aus dem Weg zu schaffen. Es musste zähneknirschend daselbst geduldet werden, es sei denn, dass jemand, der während der „Versammlung" unpässlich oder sonst wie erschöpft war, sich seiner bedienen durfte.

Dann kamen Reihe um Reihe die etwas wackligen Klappstühle, etwa vier Reihen an der Zahl, dann zwei Reihen einfach geschreinerte Holzstühle mit harten Sitzflächen, ebenfalls aus dem Estrich herbeigeschafft, einige Stühle mit grünlich glänzenden Stoffbezügen aus dem Schlafzimmermobiliar, die Esszimmerstühle, auf der linken Seite zwei Taburetten aus der Küche und ganz zuhinterst und als Abschluss des vorderen Raumes, im Durchgang zum weit geöffneten Herrenzimmer, vier Stühle aus der Veranda. Hinter diesem etwas zugigen Durchlass folgten die wulstigen Polstersessel aus dem anschließenden Herrenzimmer.

An wenigen Sommertagen, wenn das Wetter schön war, mussten mehr Leute erwartet werden. Dann wurden ganz hinten die beiden Glastüren zur äußeren Veranda aufgestoßen und diese mit weiteren mit Farbspritzern und Leimresten bekleckten Stühlen aus dem väterlichen Atelier, das nordwärts an das Wohnhaus angrenzte, bestückt.

Das war ein anstrengendes Hebeln und Buckeln, den Transport von ganz oben bis ganz hinunter und vom Keller hinauf nach oben und quer durch das ganze Haus zu organisieren beziehungsweise zu bewerkstelligen. Schließlich hatte sich die sonst nicht gerade heimelige Vierzimmerwohnung in eine eigenartig erscheinende, erwartungsvoll leere Versammlungslokalität verwandelt. Es wirkte alles ein bisschen improvisiert, der Versammlungsraum mochte aber von der hintersten Fensterreihe der Veranda bis zur vordersten Fensterreihe des eigentlichen Esszimmers bis an die zwanzig Meter gemessen und für mindestens vierzig Personen Platz geboten haben.

Buchserstrasse 27

Mein Elternhaus, das sich während der Kindheit alle zwei Wochen in dieser Weise in ein Versammlungslokal verwandelte, wurde um die

Jahrhundertwende in einer damals modern anmutenden Plattenbauweise gebaut. Es war dreigeschossig.

Im Erdgeschoss gab es vier Zimmer, das so genannte Herrenzimmer, das mit schweren Sesseln besetzt war und an dessen einen Wand ein relativ wertvolles Familienerbe, ein riesiges Ölgemälde in bombastischem Goldrahmen von Otto Frölicher (1840–1890), eine finstere Berglandschaft mit Bergbach und Ziegen darstellend, hing; das Esszimmer, in dem ein großer, doppelt ausziehbarer Esstisch, an der Wand das klobige Sofa und gegenüber ein schwarzes Klavier standen, und das Schlafzimmer, das in blassgrünem Ton gehalten und vor allem während der heißen Sommertage meist abgedunkelt war. Auf der Westseite schlossen sich die Veranda und auf der Nord/Ostecke eine einfache Küche an.

Die obere Etage, die von der Familie Grüter bewohnt wurde, bestand aus einer einfach gestalteten Drei-Zimmer-Wohnung. Anstelle der Veranda im Erdgeschoss gab es einen mit schmiedeeisernen Geländern umfassten Balkon.

Und in der obersten Etage standen zwei Zimmer, eines für die Kinder und eines für die Hausangestellte, zur Verfügung. Zwischen den beiden Zimmern gab es in einer engen Dachnische eine eingeklemmte Toilette und auf der Ostseite den weiträumigen, ungeheizten Estrich, der als Abstellkammer und im Winter als Trockenraum für größere Wäschestücke diente.

Von diesem Estrich führte eine selten begangene schmale Holztreppe auf die noch höher gelegene oberste Diele, gerade unter dem Dachfirst gelegen, empor, die mit ihren Ausläufern nach Norden, Westen und Süden wiesen. An diesen Orten knapp unter den Dachbalken, die nur kriechend zu erreichen waren, sammelten sich während der Jahrzehnte längst vergessene Gegenstände an, die immer wieder mein Interesse erweckten. Da lagen mit einer dicken Staubschicht bedeckte hölzerne Kisten mit geheimnisvollen Inhalten, eine Schachtel mit handgeschnitzten Figuren, ein Pferd mit ledernem Geschirr, ein Mann mit Hut und Kittel, ein einzelnes Bein fehlend und eine Frau, eine Bauersfrau darstellend, dann mehrere Gipsunterlagen für Architekturmodelle und einige Ausrüstungsgegenstände aus dem ersten Weltkrieg wie ein Stahlhelm, ein Bajonett und ein einzelner Säbel mit silbergewirkter Kordel.

Diese Winkel, nach oben spitz zulaufend, dienten mir als sicheres Versteck, in das ich mich zurückziehen konnte, wenn ich von niemandem gefunden werden wollte.

Ich richtete mich in einer dieser Nischen „häuslich“ ein. Eine Holzkiste diente mir als Stuhl, eine umgekippte Harasse als Tisch. Und um es heller und wohnlicher zu machen, schob ich einige Ziegel leicht nach oben, um Licht einzulassen. Unglücklicherweise ließen sich diese nicht mehr in die ursprüngliche Position zurückversetzen. Sie klemmten, weswegen das Wasser des nächstfolgenden Regens durch diese Öffnung, durch den Dachboden hinunter in die Wand des Schlafzimmers der Hausangestellten sickerte. Von dort nahm die schädliche Feuchte ihren Lauf bis in die darunterliegende Etage. Sie trat schließlich in der Stube der Familie Grüter als leicht tropfende

Nässe zu Tage, was mich in der Folge in schwerste Gewissensbisse stürzte und meinen Vater in äußerste Panik versetzte.

Letztlich führte von der obersten Diele eine kleine siebenstufige Leiter auf die offene Plattform hoch. Dieser „Dachgarten" bestand aus einem maßvoll geneigten und schlecht begehbaren viereckigen Blechboden, der in der Abmessung vier mal vier Meter betrug und an allen vier Ecken mit hohen an der Spitze leuchtend vergoldeten Blitzableitern bestückt war. Dieses Dach, von dem man die blauen Höhenzüge des fernen Juras sehen konnte, wurde nur begangen, wenn entweder außerordentliche astronomische Ereignisse oder spektakuläre Feuersbrünste in der näheren Umgebung zu bestaunen waren.

Und ganz unten, unter den Zimmern des Erdgeschosses, lagen die finsteren Kellergewölbe, die sich in eine Waschküche, in einen Vorratskeller und in einen großen um zwei Ecken herum laufenden Heizungskeller aufteilten.

In der Waschküche wurde jeden zweiten Montag Waschtag abgehalten. Morgens kurz nach sieben Uhr stieg meine Mutter in die Tiefe ihres „Refugiums". Dann wurde die Waschmaschine eingeheizt und angeworfen. Stundenlang schlugen die Bügel in einem monotonen Rhythmus hin und her. Schließlich wurde die vor Nässe tropfende Wäsche von Hand ausgewunden, in den Zuber geklatscht, im Sommer auf das Atelierdach und im Winter in den Estrich hinauf getragen, um zum Trocknen aufgehängt zu werden. Gegen Mittag kam die Mutter mit bläulich-weiß verwaschenen und wellig gerippten Fingerkuppen ein erstes Mal in die Wohnung, um das Mittagessen einzunehmen und um gleich danach ein zweites Mal in den Keller hinunter zu tauchen. Gegen Abend stand sie plötzlich wieder da, um müde und abgekämpft in ihrem Zimmer auszuruhen …

Im Vorratskeller standen mehrere Hurden, auf denen verschiedene Apfelsorten, Birnen und Quitten lagen. Zu den Äpfeln gehörten Kläräpfel, groß wie Männerfäuste, und Berner Rosen mit unvergesslichem Geschmack. In der Mitte des Kellers stand eine Waage mit klobigen Gewichtssteinen, die in erster Linie Platz beanspruchte, als dass sie nützlich gewesen wäre, und gleich daneben gab es auf einer einfachen Holzkiste eine grün-gläserne Korbflasche, die jedes Jahr mit frischem Apfelsaft aufgefüllt wurde. Ich musste mich nur auf den Rücken legen und die Klammer etwas andrücken, um die köstliche Nässe in meinen Mund einlaufen zu lassen – wie im Schlaraffenland.

Rechts an der Wand stand ein geräumiger Vorratsschrank, in dem selbstgekochte Marmeladen, mehrere Flaschen „Kalterersee", „Schinznacher" und für besondere Anlässe einige Kartons „Chateauneuf-du-Pape" lagerten.

Der Heizungskeller mündete um zwei Ecken herum am Holzlager und Kohlenabteil vorbei in den eigentlichen Heizungsraum, in dem die Zentralheizung untergebracht war. Diese wurde früher mit Holz beziehungsweise Kohle und später mit Öl beheizt. Vor einigen Jahren wurde der Holzkeller, der wegen der Umstellung auf Öl seiner ehemaligen Funktion enthoben war, dergestalt umgebaut, dass anstelle des nicht mehr benötigten Brennholzlagers ein geräumiges Taufbecken eingebaut wurde. Dieses war zwei Meter lang und etwa einen Meter fünfzig breit und mindestens einen Meter und dreißig Zentimeter tief, – damit die „Täuflinge" in ihrer ganzen Länge untergetaucht werden konnten.

Der Code

Meine Tage in Aachen liefen meistens in der gleichen Weise ab: Am Vormittag war Ausschlafen angesagt. Nach dem Frühstück aus der eigenen Brotkiste ging es gegen zehn Uhr in die erste Vorlesung, die meistens eineinhalb Stunden dauerte. Nach dieser Veranstaltung lief ich zur Mensa, wo für zwei Mark sechzig auf etwas unförmigen Plastikschalen ein einfaches Mittagessen, am Donnerstag Eintopf mit Würstchen, angeboten wurde. Am Nachmittag standen Praktika, Übungen oder andere Aktivitäten wie Sport oder Einkaufsgänge auf dem Plan. Abends fanden im Verbindungshaus entweder ungezwungene Zusammenkünfte mit Kartenspiel und Abendbrot oder offizielle Fest-, Kneip- oder Vortragsveranstaltungen statt. Oft ließen sich meine Bundesbrüder zu später Stunde aus der Stadt „Currywurst mit Fritten" bringen, die im kleinen Aufenthaltsraum des Erdgeschosses mit großem Appetit verschlungen wurden. Und an den Wochenenden lief man paar- oder gruppenweise ins sogenannte „Tivoli", dem Aachener Fußballstadion, wo die „Münchner Bayern" aus dem fernen Süden mit „Franz Beckenbauer" als Libero und dem „dicken Müller" als Mittelstürmer um den erstmaligen Aufstieg in die oberste Liga kämpften. Oder man fuhr zusammen mit Freunden oder Studienkollegen übers Land zum Kaffeetrinken oder in die Stadt zum Vorräte einkaufen. Nicht selten ging es auch nach Holland, nach Vaals oder Falkenburg – zum Tanzen oder schöne Mädchen ausführen.

Über diesem anscheinend so sorglosen Studentenleben hing aber stets die nächste Bedrohung: Die nächste Prüfung!

Eigentlich war man immer unter Druck. Die Gedanken waren, ob man es wollte oder nicht, beim nächsten Examen. Vom Bestehen dieser Prüfung würde schließlich alles abhängen, ob man weiter studieren oder endgültig das Studium abbrechen müsste …

Für jede Prüfung war spezielles Wissen angesagt: Vor allem musste man wissen, wie die Professoren prüfen beziehungsweise welche Prüfungsstrategien sie verfolgen. Einige hielten sich exakt an ihren Text. Also musste man die Vorlesungen besuchen oder wortgenaue Abschriften besitzen.

Andere Dozenten hielten sich nicht an ihre Vorlagen. Zum Beispiel der Professor für Statistik. Er schrieb während einer einzigen Vorlesung sieben Wandtafeln voll. In Mathematik musste man ausschließlich anhand von Aufgabensammlungen lernen, die nicht nur die Aufgaben mit den dazugehörigen Lösungen enthielten, sondern zusätzlich den exakten Lösungsweg beschrieben. Der Besuch der entsprechenden Vorlesungen war nicht erforderlich, eher hinderlich, – wenn nicht gar entmutigend.

Ein besonderes Fach stellte die Mineralogie dar. Die Studenten mussten sich anhand von Schaukästen auf die kommenden Prüfungen vorbereiten. In diesen Kästen waren Hunderte von Gesteinsproben ausgestellt. Es galt, sich mittels direkter Anschauung mit den einzelnen Mineralien, deren Kristallstruktur, Zusammensetzung und Gesetzmäßigkeiten vertraut zu machen und im Hinblick auf mögliche Fragenstellungen auswendig zu lernen. Das Besondere daran war, dass jedes Ausstellungsstück auf der Unterseite mit einem mehrstelligen Zahlen- beziehungsweise Buchstabencode versehen war, in dem eben diese Gesetzmäßigkeiten exakt festgeschrieben waren. Die meisten Studenten lernten deshalb nicht die eigentlichen Namen und Eigenschaften der Mineralien, sondern nur deren Code. Dann war kein Irrtum mehr möglich! Selbstverständlich hielt ich mich ebenso an dieses Vorgehen.

Zwei Jahre später war es mit diesem „Trick" vorbei. Ein ausländischer Kommilitone hatte in der Prüfung entsprechend dieser Codizes sein schwierig zu bestimmendes Mineral identifiziert. Die Professorin wurde misstrauisch und fragte:

„Wie sind Sie auf diese Lösung gekommen?"

Der Student wurde verlegen und sagte:

„Ich habe den Stein anhand der Codizes bestimmt."

Auf die Vorhaltungen der Professorin meinte der verängstigte Prüfling, dass sich alle Studenten in dieser Weise vorbereiten würden. Die Professorin war entsetzt. Sie hatte nicht mit dieser Tücke gerechnet. Das ganze Mineralogie Examen musste anhand von nicht nummerierten Exponaten wiederholt werden.

Der Albtraum

In Zeiten höchster Not, wenn sich mein Vater um den Fortgang seiner Geschäfte Sorgen machte, was meistens der Fall war, fuhr er in schwülen Sommernächten laut schreiend aus seinem Leichtschlaf hoch:

„Herrgott! Jesus! Maria! Oh Gott, oh Gott, Jesus Maria, Gott oh Gott, Hilfe, Hilfe!" hallte es durch Haus und Garten – bis hinaus auf die nur spärlich beleuchtete Hauptstraße. Da mein Vater nur bei offenem Fenster schlafen konnte, waren es nicht selten nächtliche Passanten, die zufällig ihrer Wege gingen und sich auf die unerwartet aus dem Fenster gellenden Hilferufe keinen Reim machen konnten, – die zumindest einmal, – die Polizei avisierten, – die aber – angesichts des „himmlischen Adressaten" – kein langes Aufheben machte.

Dieser Gott, Tag und Nacht gerufen, stand mitten in unserer Familie. Für mich, dem jüngsten der Familie, – etwas zu groß und zu mächtig. Wo blieben denn meine Bedürfnisse, solange dieser Großfürst der Herzen die Seelen meiner Eltern beherrschte? Was konnte ich gegen diesen Giganten des Glaubens ausrichten, in meinem Kampf um Liebe und Anerkennung. Das war eine zu große Aufgabe, mit Gott und Jesus persönlich um die Liebe meiner Eltern zu rivalisieren …

Die Verfinsterung

Eines Tages, am Mittagstisch wurde ausnahmsweise über Sexualität gesprochen, meinte mein Vater, – so ganz nebenbei, – dass es an der Zeit sei, mit mir zu „reden". Ich reagierte spöttisch:

„Tatsächlich, es ist Zeit …!"

Also nahm mich der Vater beiseite und führte mich ins Herrenzimmer, wo wir uns, mein Vater etwas verlegen und ich entsprechend erwartungsvoll, in die Sessel setzten.

Der Vater begann das Gespräch, indem er meinte, dass er vermutlich nicht viel zu erzählen habe. Ich würde bestimmt schon alles wissen. Ich stimmte mit leichtem Kopfnicken zu. Der Vater fuhr in-

dessen fort, indem er meinte, dass er mir doch noch etwas Wichtiges zu sagen habe:

„Du weißt bestimmt, was ich meine, wenn man es selber macht“ …

Und – indem er mich fixierte – fragte er, ob ich „Dasjenige“, was er meine, schon „gemacht“ habe? Ich zuckte zusammen und verneinte vehement, gab meine innere Erregung aber nicht zu erkennen. Der Vater hingegen schien erleichtert und sagte:

„Gott sei Dank! Da bin ich froh!“ – da das „Selbermachen“ die Gesundheit vollkommen ruinieren würde. Es führe zu Krankheiten, die früher oder später bis zum Tod führen …

Damit war die „Aufklärung“, die eher eine „Verfinsterung“ war, – zu Ende! Der Vater beendete das Gespräch. Für mich aber brach, nicht wegen der Lüge, die ich gesprochen hatte, sondern wegen der Aussichten, mein ganzes Leben zerstört zu haben, – eine Welt zusammen …

Unter den Talaren der Muff von 1000 Jahren

Ich war ein angepasster Student. Nie wäre ich auf die Idee gekommen, Professoren, Regierung oder Gesellschaft in Frage zu stellen. Aus diesen Gründen war ich gerührt, als wenige Wochen nach Beginn meines Studiums die Gesamtheit der Professoren in ihren je nach Fakultät farblich abgestimmten Talaren in der Aula der Technischen Hochschule aufmarschierten, um die neu immatrikulierten Studenten, mich eingeschlossen, in die „Alma Mater“ aufzunehmen. Es war ein überwältigendes Gefühl, als die ehrwürdigen Professoren zum Klang von Beethovens „Fünften“ behäbig durch den Mittelgang schritten. Ich war deshalb einige Wochen später äußerst entsetzt, als ich im Nachrichtenmagazin „Der Spiegel“ ein Foto sah, das den Aufmarsch in der Universität Hamburg zeigte, wobei einige Studenten an der Spitze der Parade ein großes Spruchband vor sich her trugen:

„Unter den Talaren der Muff von 1000 Jahren".

Ich war empört!

Vietnam

Meine Autoritätsgläubigkeit endete aber abrupt, als ich wenige Monate später im „Allgemeinen Studentenausschuss", im sogenannten „ASTA", eine Stellungnahme der Deutschen Studentenschaft zur Problematik des Vietnamkrieges las:

Da stand doch schwarz auf weiß geschrieben, dass es in der amerikanischen Regierung keinen Politiker geben würde, der ehemalige amerikanische Präsident Dwight D. Eisenhower eingeschlossen, dem nicht immer klar gewesen sei, dass, wenn es in Vietnam, auch im ehemaligen Südvietnam, zu einer Volksabstimmung gekommen wäre, mehr als 80 % der Bevölkerung für Ho Chi Min, den damaligen nordvietnamesischen Freiheitshelden und Staatspräsidenten, gestimmt hätten. Aus diesen Gründen würden die Vereinigten Staaten mit allen Mitteln versuchen, selbst mittels Krieg, die von den Vertragsmächten zugesicherte Volksabstimmung in Südvietnam zu verhindern. Das sei schließlich der wahre Grund gewesen, warum sich die Amerikaner mit Händen und Füssen gegen die von den Vietnamesen ersehnte Wiedervereinigung sträubten, und weswegen sie den Marionettenstaat Südvietnam mit Logistik und Waffen, später mit Tausenden von Soldaten, – und über 50'000 Toten, – unterstützten.

Ich war entsetzt! Die Verlogenheit der amerikanischen Politik fand ich mehr als himmelschreiend. Plötzlich gewann die sogenannte „östliche Propaganda", die ich immer als tendenziös und ideologisch geprägt erlebt hatte, ein neues Gesicht. Alles drehte sich in ihr Gegenteil. Plötzlich waren es nicht mehr die östlichen Propagandisten, die die Welt belogen, sondern umgekehrt. Es waren die Westmächte, denen ich stets vertraut hatte, die ein falsches Spiel spielten.

Einerseits konnte ich deren Motive verstehen. Damals galt die sogenannte „Domino-Doktrin", die behauptete, dass nach dem Fall eines einzigen Staates alle anderen Völker Ostasiens in die Hände der Kommunisten fallen würden. Aber, wie konnten die USA, die stets behaupteten, die westlichen Werte mit Händen und Füssen zu verteidigen, die demokratisch legitimierten Grundrechte eines tapferen Volkes derart mit Füssen treten …

In diesem Augenblick machte es plötzlich „Klick"! In Sekundenbruchteilen geschah etwas Ungeheuerliches: Während ich mich noch vor wenigen Augenblicken mit den USA, mit den Starken dieser Welt, identifiziert hatte, schlug mein Herz plötzlich für die Schwachen, – für die Vietnamesen und für die unterdrückten Völker dieser Welt. Ich war zum Sympathisanten der vietnamesischen Befreiungsfront geworden. Damit setzte ein Prozess ein, der unumkehrbar war. Ab diesem Augenblick war ich ein „Linker" und gehörte zur Generation der „Achtundsechziger"!

Von einem Tag auf den anderen standen meine Überzeugungen auf dem Kopf! Die Veränderung war der erste Schritt aus der gutbürgerlichen Wohlanständigkeit hinaus in ein freieres Denken. Er war zudem mit einem gewaltigen Aufflammen von Wut und Aggression verbunden. Diese Wut richtete sich nicht nur gegen meine Eltern, die in Wirklichkeit hinter meiner „Wohlanständigkeit" standen, sondern verschob sich geradewegs auf übergeordnete Instanzen, zum Beispiel auf den Staat, auf die allgemeinen gesellschaftlichen Verhältnisse und insbesondere auf die „Vereinigten Staaten". Das lag im Trend der Zeit, in der Marxismus, Soziologie, Psychologie und speziell die Psychoanalyse zu neuem Leben erweckt wurden. Ich hatte plötzlich wilde Gedanken im Kopf, die mit den alten kollidierten. Ich konnte mir plötzlich vorstellen, auch einen Stein zu werfen …

Das Gegenargument

Auf meinem Schreibtisch im Allgemeinen Studentenausschuss (ASTA) lag ein Pflasterstein aus Granit. Ich benutzte ihn als Briefbeschwerer. Jemand hatte mit roter Farbe darauf geschrieben: „Argument". Einige Tage später lag ein zweiter Stein daneben, ein Kiesel, mit der logischen Antwort: „Gegenargument"!

Ein schlechter Mensch

Gegenüber unserem Elternhaus, auf der anderen Straßenseite, wohnte Valentin. Er war zwei Jahre älter als ich und hatte nur Schabernack im Kopf. Er stellte sich vor das Fenster des gegenüberliegenden Quartierladens und rief:

„Wirf!"

Ich war gut im Werfen und nahm den Stein, der gerade vor mir lag, in die Hand. Ich warf den Stein, traf aber nicht Valentin, der sich rechtzeitig aus dem Staub gemacht hatte, sondern die Glasscheibe. Mit einem infernalen Knall ging sie zu Bruch, und der unleugbare Beweis meiner Tat lag unübersehbar zwischen den Broten. Heulend lief ich zu meiner Mutter, die unverzüglich den Vater informierte. Dieser sagte:

„Jetzt musst du dein Kässeli leeren."

Als ich am nächsten Morgen in den Laden ging, um meinen Frevel zu gestehen, zeigte sich niemand interessiert. Die Geschäftsführerin lachte und sagte: „Ein Versicherungsfall!" Ich aber verstand:

„Es gibt von Grund auf gute und schlechte Menschen!"

Der Blick in den Schwarzwald

Wir machten eine Schulreise in den Aargauer Jura und stiegen auf den „Zeiher Homberg", den nördlichsten Grat des Kettenjuras. Es war im Jahre 1950. Die Lehrerin deutete auf die dunklen Höhenzüge des fernen Schwarzwaldes und sagte:

„Dort liegt Deutschland!"

Und wieder kroch ein kalter Schauer über meinen Rücken. Meine Vorstellungskraft wurde wach:

„Dort lag der Schwarzwald, und der Schwarzwald war Deutschland, und Deutschland bedeutete Krieg, Bomben und Vernichtung. Es war, als ob man den Donner der Kanonen noch heute hören, die Rauchschwaden über den Landschaften noch einmal sehen und die Brände in den ausgebombten Städten überall riechen könnte. Es war, als ob man das Leid der Toten und Vertriebenen noch überall spüren und die Schreie der Verzweifelten ein letztes Mal hören könnte. – Zudem lag eine vage Ahnung in der Luft, dass irgendwo im fernen Osten unvorstellbar grauenvolle Dinge geschehen wären …"

Der Strauchdieb

Es gab noch andere Dinge, die mich an Deutschland erinnerten. Da ich die Briefmarkensammlung meines Großvaters übernommen hatte, standen mir zahlreiche Marken aus aller Herren Ländern zur Verfügung. Es gab Wappen und Landschaften, aber auch Abbilder von Kaisern, Königen und Königinnen. In der Regel zeigten diese Bilder honorable Persönlichkeiten, die in Amt und Würde standen.

Da gab es die Frontalabbildungen des Antlitzes des Großherzogs von Luxemburg auf der karminrosa 10-Centimes Briefmarke aus dem Jahre 1882, die edlen Gesichtszüge der Britischen Königin Viktoria auf den Briefmarken von Malta, Hong Kong, Ceylon, Britisch

Indien usw. Selbst auf den Briefmarken aus der Kolonie Mauritius sah die Regentin erhaben und streng aus dem Papier, mit hoch erhobenem Kinn und hochgesteckten Haaren unter ihrer Krone. Und welche Überraschung, wenn Königin Viktoria auf der grünen One-Penny-Marke von Grenada aus dem Jahre 1860 als überraschend schöne Frau mit diamantenbehangenem Ohrgeschmeide figurierte. Ganz zu schweigen von den eindrucksvollen Charakterköpfen George Washingtons, John Adams, Thomas Jeffersons und Abraham Lincolns – auf den Marken der Vereinigten Staaten! Sie alle, die Fürsten, Staatsoberhäupter, Könige, Königinnen und Kaiser strahlten Erhabenheit und Würde aus.

Während der Herrschaft des Nationalsozialismus tauchten plötzlich Briefmarken mit dem Konterfei Adolf Hitlers auf. Ich war entsetzt. Welch ein Kontrast! Wie konnte nur ein solches „Alltagsgesicht" einen so mächtigen Mann repräsentieren? Er wirkte auf mich, obwohl ich die Situation noch gar nicht verstehen konnte, extrem irritierend. Hitlers Bild erinnerte mich eher an das Bild eines Strauchdiebs als an das Konterfei eines deutschen Staatsrepräsentanten.

Da waren sie wieder weg …

Das Vordiplom stellte hohe Anforderungen. Ich hatte mich wochenlang auf das Examen vorbereitet und konnte dieses gut bestehen. Nach der Prüfung zeigte sich, dass sich die Reihen gelichtet hatten. Schon vorher, nach jedem Semester, waren Studenten weggeblieben. Genauso schnell wie sie gekommen waren, waren sie wieder weg …

Das weiß-blaue Bähnchen

Unser Haus stand an der Hauptstraße gegen Süden, in Richtung der mittelländischen Talschaften und der etwa fünfzig Kilometer entfernten Großstadt. Diese Straße wurde stündlich von einem weiß-blauen Bähnchen befahren, das eben diese Talschaften in regelmäßigen Abständen bediente und das einen Großteil der Gläubigen, die die „Versammlung" besuchten, aus den umliegenden Talschaften in die Stadt hinunter transportierte. Dieses Bähnchen, das Wohlstand und Arbeit von und zu den Dörfern brachte, forderte nicht zuletzt einen hohen Tribut – einen Blutzoll ganz genau. Im Laufe der Kindheit erlebte ich vor unserem Garten mehrere schwere Verkehrsunfälle, die gerade durch dieses Bähnchen verursacht wurden. Das Bähnchen verkehrte nämlich nicht in der Mitte des Trassees, sondern auf dessen rechter Seite, was insbesondere die ungeübteren Verkehrsteilnehmer zu halsbrecherischen Ausweichmanövern in oder über die Straßenmitte hinauszwingen sollte.

Die „Versammlung"

Die ersten „Versammlungsgäste" trafen gegen Mittag ein und waren es gewohnt, wenn die Herrichtung der „Versammlungsräume" noch nicht abgeschlossen war, entschlossen Hand anzulegen. Denn die Umstellung der Wohnung, die jeweils mir, meinem Bruder und meinen drei Schwestern, den zwei Halbschwestern aus erster Ehe und der einzigen Schwester aus zweiter Ehe, oblagen, sollte alles in allem gut und gerne anderthalb Stunden in Anspruch nehmen.

Gegen vierzehn Uhr begannen sich die Räume zu füllen. In schwarze Mäntel gekleidete ältere Frauen und zum Teil von harter Arbeit gezeichnete Männer jeden Alters, noch dazu, eher selten, frohgemute junge Burschen und Mädchen drangen durch die weit geöff-

neten Haus- beziehungsweise Wohnungstüre in die dermaßen verwandelte Wohnung hinein.

Von allen Ecken des Kantons trafen mit Bahn, Bus und Privatautos, aber auch zu Fuß, die Angehörigen dieser sogenannten „Versammlung", diese hatte traditionsgemäß keinen besonderen Namen, ein, begrüßten lange und umständlich die schon Anwesenden, zwängten sich durch die Stuhlreihen an ihre für sie gewohnten Plätze, wechselten hier und dort ein paar Worte, blieben für einen Augenblick lang andächtig stehen, um zu danken und zu beten, und um sich, mit dem Gesangsbuch in der Hand, endlich hinzusetzen. Da waren Bauersleute aus den Dörfern, Handwerker, Versicherungsvertreter mit ihren Frauen, ein Heimleiter aus der Umgebung, der Leiter des städtischen Altersheims, kurzum, Menschen aller Berufe, Landschaften und Zivilstände.

Um dreizehnuhrzweiunddreißig holte meine Mutter den mit großer Ungeduld erwarteten Prediger vom nahen Bahnhof ab. Dieser war die wichtigste Person der „Versammlung". Er ging seines Alters wegen leicht gebeugt, war aber ehemals ein großer, stämmiger Mann gewesen, dessen vergangene, urwüchsige Muskelkraft an den knorrigen Körperproportionen noch deutlich zu erkennen war. Er musterte die an ihn herantretenden, in demütiger Haltung sich leicht vorbeugenden Gläubigen aus seinen kleinen hellblau leuchtenden Augen, begrüßte diese freundlich, reichte ihnen die Hand, schob sich an den herumstehenden Menschen vorbei und drängte zu dem für ihn vorgesehenen Podest, das er mit unverwechselbarer Pose recht augenfällig zu besteigen pflegte. Nachdem er sich in das sonst als Bürosessel dienende Sitzmöbel hatte fallen lassen, faltete er bedächtig seine Hände und betete zu Gott, wobei er mit auffälligen Gebärden die Bedeutung des besonderen Augenblicks mit wirkungsvoller Geste zum Ausdruck brachte.

Wenn an heißen Sommertagen alle „Versammlungsräume", auch die Veranda, überzuquellen drohten, wurden die Türen zum Treppenhaus zusätzlich aufgestoßen oder ausgehängt. Dann setzten sich die letzten Ankömmlinge, deren Züge verspätet waren oder die aus anderen Gründen unpünktlich eintrafen, auf die untersten Stufen des Treppenhauses. Zwar konnten letztere den üblicherweise mit starker Gestik vortragenden Prediger nur um zwei Ecken herum erahnen. Umso mehr folgten sie interessiert dem meist gleich ablaufenden Ritual des sich über den ganzen Nachmittag hinwegziehenden Gottesdienstes mit hingebungsvoller Aufmerksamkeit.

Da stand er nun, der Prediger, der Eins-neunzig-Meter-Mann mit ungestümer Muskelkraft und einer seltsamen Mischung aus bäuerlicher Bodenständigkeit, der Scholle verbundener Gottgläubigkeit, ungebildeter, rauer Einfachheit und aus tiefstem Herzen quellender Liebenswürdigkeit: Unser Prediger …!

Er blickte ruhig in die Runde, hieß mit einem freundlichen Kopfnicken hier und da bekannte Persönlichkeiten willkommen, richtete an den Nächstsitzenden ein paar freundliche Worte, bat umgehend um angemessene Aufmerksamkeit und eröffnete, indem er sich in seiner ganzen Größe auf dem Podest aufstellte, die Veranstaltung mit einer förmlichen Einleitung. Den wenigen Worten folgte in der Regel ein Lied, wobei der Gesang von einem ehemaligen Mitglied des städtischen Kirchenchors taktgenau angeführt wurde. Die Gemeinde folgte mit unsicherer Stimme und etwa einem Vierteltakt Verzögerung. Eigentlich wünschte man sich die vergangenen Zeiten herbei, als eine temperamentvolle junge Dame die monoton singende „Versammlungsgemeinde“ mittels eines leicht verstimmten Harmoniums entschlossen in den Rhythmus zwängte.

Etwas Außerordentliches und äußerst Eigenartiges war der Geruch, der nach und nach den Raum erfüllte. Bei vierzig bis fünfzig Personen, die in zwei relativ engen Räumen über zwei Stunden hinweg ihre persönlichen Ausdünstungen verströmten, entstand im Laufe der Stunden ein äußerst eigenartiges Geruchskonglomerat, das noch nach Tagen in Möbeln und Vorhängen hing. Es roch nach salzsaurem und parfümangereichertem Angstschweiß, abgestandenem Kampfer und einer leichten Prise Landwirtschaft. Es war dies ein eigenartiger

Verschnitt, der in seiner einmaligen Zusammensetzung von niemandem hätte nachgemischt werden können.

Nach dem Chorgesang, „Eine feste Burg ist unser Gott …“, erfolgten in regelmäßiger Abfolge ein Gebet, ein Gesang, wieder ein Gebet, dann die Predigt, ein Gesang, Gebet, Gesang und Schlussgebet mit Segen.

Die Predigt

Der wichtigste Teil der „Versammlung“ war die Predigt, die vom Prediger in freier Rede vorgetragen wurde, und die sich in der Regel auf einen zufällig aus der Bibel herausgegriffenen Text stützte. Anhand dieses Bibelzitats entfaltete der Referent seine mit großem persönlichem Engagement vorgetragene Rede, die anfänglich in ruhiger Weise eingeleitet wurde, anschließend in wichtige Glaubensätze überleitete und schließlich in emotional aufwühlende und schlagend formulierte Appelle beziehungsweise Drohungen einmündete:

„Oh geht auf meine Worte ein, tut Busse und kehret euch zu mir. Kauft euch Augensalbe, damit ihr sehend werdet. Seid keine engen Christen, sondern seid Glieder an meinem Leib und lasst euch in Liebe verbinden mit allen meinen Gliedern! Erwachet, ziehet meine Macht an durch euren Glauben und durch Eingehen auf meine Worte. Die Zeit ist kurz und die Gerichte sind nah. Bereitet euch zu, einzugehen auf meinen Willen. Ihr habt noch wenig Öl in euren Lampen. Darum höret die Stimme eures Bräutigams: Öffnet mir eure Herzen und empfanget den Vorrat, dass ihr würdig werdet, mit mir einzugehen in meine Herrlichkeit.“

Dabei nahm der Prediger nicht selten konkreten Bezug auf aktuelle Tagesereignisse und scheute sich nicht, Erfahrungen und Anekdoten aus den Lebensgeschichten der im Augenblick Anwesenden mit einzuflechten.

Emotional am intensivsten waren die Gebete. Nach einem gewichtigen, einleitenden Eingangsgebet des Predigers stand für die Versammlungsteilnehmer Zeit für eigenes Beten zur Verfügung. Diese Gebete erfolgten spontan und waren persönlich gefärbt. Die Fürbitten, durch einzelne Gemeindemitglieder freimütig in den Raum gesprochen, wurden regelmäßig durch leise zustimmende oder verstärkende Lautäußerungen der anderen Gemeindemitglieder begleitet. Ein wehmütiges Seufzen, ein klagendes Stöhnen oder ein zustimmendes „Ja, ja", „Gott, oh Gott", „Halleluja" waren Bekundungen, deren Intensität wirkungsvoll zum Ausdruck brachte, wie deutlich beziehungsweise passend der im Augenblick Betende beziehungsweise die Rednerin die Stimmung der anderen Gemeindemitglieder gerade getroffen hatte. Herr Müller dankte Gott, weil er sich von seiner Alkoholsucht befreit fühlte, – „Halleluja! Gott sei Dank" –, Frau Meier flehte um Gottes Hilfe bei wichtigen Entscheidungen – „ja bitte, Gott oh Gott, Gott sei Dank" –, und Herr Schreiner bat um tatkräftige Mithilfe bei der Erziehung seiner Kinder, – „ja, ja, Gott oh Gott, Halleluja!" Diese Äußerungen wurden jeweils mit weinerlichen, bittenden oder flehenden Worten direkt zu Gott oder Jesus gesprochen, wobei die anderen Gemeindemitglieder ihr Mitgefühl oder ihre Übereinstimmung engagiert zum Ausdruck brachten. Die Szenerie begann in der Regel mit einer ruhigen Andacht, steigerte sich hin und wieder bis zu lauten Beifallskundgebungen und endete schließlich wieder in andächtiger Stille. Dabei schien jede Person die vor ihr Betende an Intensität und Hingabe übertreffen zu wollen.

Selbstverständlich war es dem Prediger vorbehalten, die Stimmung auf den Höhepunkt zu bringen. Dann fuhrwerkte der stämmige Bauersmann auf seinem Podium mit beiden Armen und Händen in der Luft herum und redete mit donnernder Stimme „die letzten Tage" herbei. Die Gemeinde schien nicht selten in laut anschwellendes Klagen und Rufen auszubrechen. Schließlich ließ sich der Prediger erschöpft in den Stuhl zurückfallen, faltete bedächtig seine Hände und versank von neuem in ein andächtiges Schweigen, als ob er damit sagen wollte, dass er eben mit Gott persönlich gesprochen hätte.

Mit dem Schlussgesang, „So nimm denn meine Hände ... “, dem Schlussgebet und dem etwas zu bombastisch vorgetragenen „Um-den-Segen-Bitten“ fand die „Versammlung“ ihren Abschluss.

Das vereinnehmende Abschiedsprozedere

Gemächlich und tief bewegt, mit hingebungsvollen Gesten, erhoben sich die Teilnehmer von ihren Sitzen, wechselten hier und dort ein paar Worte, verabschiedeten sich von den Anwesenden, grüßten diesen oder jenen Bekannten, lachten, kicherten oder empörten sich über irgendwelche Zustände in der Welt oder fanden anerkennende Worte zum eben Gehörten:

„Eine schöne Predigt, gell!“

Und strebten schließlich durch Gang und Wohnungstüre dem nahen Ausgang entgegen. Die Veranstaltung franste an den Rändern buchstäblich auseinander.

Einzelne Menschen oder kleinere Gruppen bewegten sich unentwegt diskutierend immer weiter der unteren Haustüre entgegen. Dabei verabschiedete sich meine Mutter mit innigem Händedruck, redend und gestikulierend, immer wieder von neuem, erstmals an der Wohnungstüre, dann an der Außentüre und schließlich am äußersten Rand des Gartenzauns. Nicht selten endete dieses etwas vereinnahmende Abschiedsprozedere erst draußen auf der Straße.

Der „Ältestenrat“

In kürzester Zeit wurden die ehemaligen „Versammlungsräume“ in ihren alten Zustand, in Esszimmer, Herrenzimmer und Veranda, zurückversetzt. Alle halfen mit, bis die Klappstühle wieder oben und das graugrüne Podium im angrenzenden Estrich abgestellt waren. Die Polstermöbel standen wieder im Herrenzimmer und die Taburetten in der Küche.

Hin und wieder pflegte meine Mutter einige Teilnehmer zu einem kleinen Imbiss einzuladen:

„Bleib doch einen Augenblick, es gibt noch etwas zu essen!"

Meistens wurde anschließend an die „Versammlung" noch ein kleines Nachtessen dargereicht. Es waren in der Regel zehn bis zwölf Personen des innersten Kreises, des sogenannten „Ältestenrats", die zurückblieben.

Schließlich saßen die Eingeladenen um einen langen Tisch herum: An der Kopfseite der Prediger persönlich, der ungeniert seine schweren Handballen auf dem Tisch parkierte und wie ein Herrscher in die Runde blickte. Man spürte deutlich, wer der „Herr im Hause" war. Daneben sahen sowohl mein Vater, der an der linken Seite, als auch meine Mutter, die rechts des Predigers Platz genommen hatten, recht unscheinbar aus.

Der Stier und der goldene Ehering

Während des Essens wurden Geschichten erzählt, wie zum Beispiel diese, dass der Prediger in jungen Jahren, im Vollbesitz seiner Körperkräfte, den wilden Stier, an den sich niemand herantraute, eigenhändig an den Hörnern packte und den Schädel so lange auf die Seite abdrehte, bis die Bestie auf den Boden kippte und wie eine gefüllte Mülltonne auf dem Rücken abrollte …

Im Laufe eines solchen Abends wurde weiter geredet, auch so genannte „Zeugnisse" abgelegt, die Gottes Gunst bewiesen, wie zum Beispiel jenes, dass mein Onkel wegen des Pflegeheimaufenthaltes seiner Gattin in große Not geraten war. In seiner Verzweiflung betete er zu Gott, was zur Folge hatte, dass einige Tage später ganz unerwartet eine ihm unbekannte Frau an die Türe anklopfte und ihm mit den

Worten „Ich spüre, dass Sie Hilfe brauchen" einen namhaften Geldbetrag überreichte.

– Und skurrile: Der Prediger erzählte, dass er, als er den Acker bestellte, in der Krume unvermittelt etwas Goldenes aufblitzen sah, das sich bei näherem Betrachten als der eigene Ehering erwies, den er daselbst vor mehr als fünfzig Jahren verloren hatte.

Während des Essens wurde weiter geredet, wobei sich die Themen meistens um Gott und seine Wunder drehten. Dabei konnte mein Vater richtig in Fahrt kommen. Es machte ihm Spaß, wenn Leute zuhörten. Er redete, als ob ihm alle zuhören würden. Es hörte ihm aber niemand zu.

Es wurde lange geredet, es bildeten sich Zweiergruppen oder Dreiergespräche, und immer wieder war es Hiob, der die Menschen beschäftigte. Einerseits genoss dieser die uneingeschränkte Anerkennung aller Anwesenden, weil er sich so unterwürfig und gottesfürchtig in sein bitteres Schicksal gefügt hatte. Andererseits war es gerade Gottes Strenge, wenn nicht gar dessen Grausamkeit, die die Menschen irritierte.

So wurde diskutiert und geredet, während die Mutter die Teller nachfüllte. Sie liebte es nicht, wenn Reste zurückblieben. Also häufte sie die letzten von saurem Essig tropfenden Salatblätter auf die Teller derjenigen Personen, die sich ihrem Wunsche am wenigsten widersetzen konnten.

Viele Eingeladene blieben bis zum späteren Abend, – bis es einzudunkeln begann. Schließlich waren es die glücklich in die Welt blickende Mutter und der sich in seinem Stolz sonnende Vater, die beide das Gefühl hatten, etwas Großes und Entscheidendes vollbracht zu haben. Nach solchen Tagen blickte mein Vater mit großem Wohlbehagen auf sein Leben, das seiner Ansicht nach – gut und gottgefällig war.

Der Abtrünnige

Als ich zehn Jahre war, nahm ich regelmäßig an den „Versammlungen" teil. Ich fühlte mich wichtig. Mein Engagement war aber nur von kurzer Dauer. Bald blieb ich den „Versammlungen" fern. Ab da wirkten sich die Zuspätgekommenen, die auf den Treppenstufen saßen, für mich, der ich entschlossen war, meinen eigenen Weg zu gehen, insofern hinderlich aus, als es mir nicht mehr möglich war, unbemerkt von meinem Zimmer in der obersten Etage bis zum Ausgang zu gelangen. Das waren dann peinliche Momente, wenn ich mich, mich als undankbares und abtrünniges Geschöpf fühlend, schuldbewusst und reumütig die Treppe hinunter schleichen musste und zwischen den eng verzahnten Männer- und Frauenbeinen der Zuspätgekommenen hindurch zu zwängen hatte.

Abtrünnig? Warum hielt ich mich den „Versammlungen" fern? Es geschah einfach so. Vermutlich hatte ich gespürt, dass der Weg, den meine Eltern gingen, nicht der meinige war. Der Glaube, den sie zelebrierten, schien mir zu demütig. Ich wollte kein unterwürfiges „Lamm Gottes" sein, – sondern, wenn schon, – ein „Löwe Gottes". Die Gottgläubigkeit meiner Eltern erlebte ich nicht als deren Stärke, sondern mehr als deren Schwäche, als Zeichen menschlichen Unvermögens. Die Haltung der Versammlungsteilnehmer wirkte auf mich zunehmend als unglaubwürdig, als zu unterwürfig und zu selbstverleugnend – und nicht zuletzt – zu langweilig. Ich wollte mein Leben anders gestalten, und – wenn möglich – berühmt werden. Ich spürte, dass meine Eltern – trotz ihres unerschütterlichen Glaubens – nicht wirklich glücklich waren …

Die Abwendung von der „Versammlung" hatte aber weniger mit dem Glauben an sich zu tun. Ich blieb ihm treu. Ich glaubte, was meine Eltern glaubten. Es war in erster Linie das Ritual, das ich ablehnte, nicht den Glauben selber. Im Gegenteil, das Wegbleiben von der „Versammlung" festigte in mir die Überzeugung, dass Gott etwas sein musste, das mächtig und wirkungsvoll aus dem Hintergrund waltete. Trotzdem, – es begannen sich Zweifel einzuschleichen …

Das Vermächtnis

Das war die Welt, in der ich groß geworden war. Es war eine Welt, in der das Materielle wenig, – und das Geistige, vor allem das Geistliche, – viel galten. Dieser Umstand war sowohl Vermächtnis als auch Fluch zugleich. Vermächtnis, weil der Blick stets auf das Wesentliche, auf den Sinn der Dinge gerichtet war. Ich lernte früh, hinter allem Körperlichen, zum Beispiel bei Krankheiten, das Psychische zu sehen. – Und Fluch, weil ich mich in einem durch den religiösen Fanatismus eingeengten Familienumfeld zu bewegen hatte.

Zwei starke Rivalen

Der Gemeinschaft der Gläubigen anzugehören bedeutete, der göttlichen Gnade sicher zu sein. Voraussetzung war nur, dass man „Gotteskind" war, – und dass man sein Leben in Gottes Hände legen würde …

Grundlegende Zweifel wurden nicht toleriert. Die Bibel stand über allen Dingen. An Gottes Worten durfte nicht gezweifelt werden. Man würde, wenn man nicht gottesfürchtig war, aus dem Umkreis der Auserwählten, aus dem Bund der Eliten, ausgestoßen werden.

Ich konnte die Selbsterniedrigung meiner Eltern nicht verstehen. Ich litt. Meine Mutter hatte aber mit Gott und Jesus im Rücken zwei starke Partner. Gottes Wille musste respektiert werden. Ihnen, Gott und Gottes Sohn, dem Heiland, galt ihre ganze Liebe.

Ich hatte deswegen schon als kleiner Junge zwei starke Rivalen, die keine Schwäche zeigten, nicht verwundbar oder fehlerhaft waren. Zudem waren diese, was noch schwerer wog, – stets in Höchstform …!

Gott sah, hörte, roch und spürte alles, im und um unser Haus herum, und nicht zuletzt in meinem Herzen. Gott war omnipräsent. Er war Ansprechpartner, Beichtvater, treuer Freund, innigster Liebhaber, Übervater und Psychotherapeut zugleich. Die Mutter, wenn sie verzagt war, zog sich in ihr Zimmer zurück, wo sie ihre Knie beugte, die Ellbogen auf der Bettkante abstützte, ihr Gesicht in den Händen vergrub und Gott beziehungsweise Jesus um seinen Ratschlag bat. – So war sie, meine Mutter, die lieber ihr letztes Hemd gegeben hätte, – als eigene Wünsche anzumelden …

Ich aber hatte mir, soweit ich mich erinnern konnte, immer „normale" Eltern gewünscht, die sich ihrer Sache nicht so sicher gewesen wären, die sich menschlich angreifbar und seelisch verwundbar gefühlt hätten, die sich – wie andere Eltern – aufrecht und mutig durchs Leben schlagen müssten.

Der erste Lebensfunke

Als aufgeweckter Junge kam ich immer mehr mit der strengen Bibelgläubigkeit meiner Eltern in Konflikt. Aber, wie sollte ich – ohne besseres Wissen – zu einer anderen Weltsicht gelangen?

Langsam und schmerzlich wurden mir meine Mängel bewusst. Ich begriff, dass ich in den Tag hinein lebte, ohne zu wissen, wie und warum ich lebte. Die ganze Welt schien mir unverständlich. Die Welt war aber nicht unverständlich. Irgendwie und irgendwo musste alles hergekommen sein. Aber wie und woher?

Viele Fragen blieben offen. Zum Breispiel:

„Woher kommt der Mensch? Wie hat sich die Vielfalt des Lebens entwickelt? Wie der einzelne Mensch? Es ist doch erstaunlich, dass auf der Erde praktisch wie aus dem Nichts heraus plötzlich Menschen entstanden waren, die Verstand, ein komplexes Bewusstsein und eine göttliche Seele hatten …"

Es gab noch weitere Fragen, die mich beschäftigten:

„Wie entwickelt sich der Mensch von einem relativ undifferenzierten Säugling zu einer äußerst differenzierten Persönlichkeit? Wie formt sich der Charakter? Welches ist das Geheimnis der menschlichen Entwicklung?“

Oder besser:

„Wie kommt der Lebensfunke in den Menschen?“

Letztlich stellte sich für mich die alles entscheidende Frage:

„Gibt es Gott, – oder gibt es ihn nicht?“ Diese Frage musste beantwortet werden, weil ich in einer fundamentalistisch denkenden Familie aufgewachsen war. Der unbedingten „Wahrheit“ meiner Eltern musste ich eine eigene Wahrheit entgegenstellen.

Angst

Selbstverständlich wagte ich nicht, diese Gedanken zu äußern ... Ich war verzweifelt. Was wusste ich von dieser Welt? Nichts! Ich wusste weder, wie ein Motor funktionierte oder wie ein Radiator hergestellt wurde, noch wusste ich, wie Pflanzen, Tiere und Menschen entstanden waren.

„Welches war der Anfang, welches das Ende? Wie entstanden Sonne und die Sterne?“

Weder verstand ich, wie alles anfing, noch wusste ich, ob Gott und der Teufel existieren ...

Zudem gab es Widersprüche:

„Warum muss der Mensch, obwohl er von Gott erschaffen wurde, wieder sterben? Warum diese seltsame Art der Fortpflanzung und warum hat der Mensch, das auserwählte Geschöpf Gottes, Haare auf dem Kopf und ein Knochengerüst im Körper – wie die Tiere?“

Wo so viele Unklarheiten herrschen, musste Angst einkehren. Mir standen aber als Erklärungsmodelle nur die Schöpfungsgeschichten zur Verfügung!

Obwohl ich im Atelier meines Vaters täglich erleben konnte, wie aus vielen Einzelteilen, oder besser gesagt, aus einer Vielzahl unbearbeiteter Materialien die schönste Dinge entstanden, war ich nicht in der Lage, zu verstehen, wie das kleinste Schräubchen, geschweige denn ein Motor, ein Auto oder gar eine Lokomotive funktionierten.

Nach und nach schienen sich Berge von Fragen aufzutürmen. Wie sollte ich – als erwachsener Mensch – in dieser komplizierten Welt bestehen können? Ich hatte Ängste, denen ich hilflos ausgeliefert war. Dazu Fragen über Fragen! – Das konnte doch nur Gott gewesen sein, der den Anfang setzte, der alles schuf und jederzeit, – alles wieder nehmen konnte …

Die Geburt meines Willens

Sexualität war etwas, das es in unserer Familie nicht geben durfte. Sie musste vom Teufel sein. Nichts schien in solchem Grade verboten zu sein – wie Sexualität. So führte mein Vater einen unerbittlichen Kampf gegen alles Sexuelle. Er empörte sich, dass auf den Titelblättern der Zeitschriften halbnackte oder ganz nackte Frauen abgebildet waren, – von Männerheftchen ganz zu schweigen!

Eines Tages gab mir ein Mitarbeiter aus dem Atelier meines Vaters ein erotisch inspiriertes „Heftchen". Leider fand es unsere Hausangestellte. Sie gab es meinem Vater, und dieser fragte:

„Wo hast Du dieses „Dreckheft" her?"

Selbstverständlich gab ich weder den Namen des Mitarbeiters noch die besonderen Umstände preis. Ein schwer entzifferbares Unterschriftskürzel auf der Innenseite des Heftes wies aber unmissverständlich auf den Eigentümer hin. Es war schließlich mein Bruder, der den Text entschlüsselte.

Mein Vater war empört. Ich aber stand im Konflikt. Entweder hielt ich zu unserem Mitarbeiter oder ich war loyal zu meinem Vater. Ich verlangte von letzterem, dass er mir das Frauenmagazin sofort aushändigen würde. Ich schrie vor Wut und spürte, dass ich eigene Rechte hatte.

Der Vater aber sagte:

„Was fällt diesem Herrn eigentlich ein. Wie kann er es wagen, sich in die Erziehung meines Sohnes in dieser Weise einzumischen. Ich werde es ihm selber zurückgeben …"

Ich aber war sprachlos und erkannte, dass etwas Wichtiges geschehen war:

„Die Geburt meines „Willens"!"

Ich musste mir zwar eingestehen, dass das Verhalten unseres Mitarbeiters nicht akzeptabel war. Das tat aber nichts zur Sache. Es ging um etwas anderes, um meinen „Willen". Es ging darum, dass ich meinen „Willen" deutlich spüren konnte, und dass mein Vater eben dabei war, diesen zu missachten. Ich erkannte die Absurdität der väterlichen Erziehungsmoral und fühlte mich authentisch. Ich kochte vor Wut. Ich biss die Zähne zusammen und machte die Faust im Sack. Es war ein heiliger Zorn, der mich ergriffen hatte, den ich nie zuvor so deutlich gespürt hatte. Es war ein überwältigendes Gefühl, das mich durchdrungen hatte.

In diesem Augenblick brach etwas Wichtiges zusammen: Der Respekt vor meinen Eltern! Ich erlebte meinen Vater als ungerechten, autoritären Prinzipienreiter, meine Mutter als schwach und meine Geschwister jederzeit bereit, mich zu verraten. War es möglicherweise so, dass das fehlende Vertrauen, der mangelnde Respekt und die fehlende emotionale Nähe in unserer Familie durch einen fanatischen Gottesglauben kompensiert wurden? – Ein bösartiger, gar teuflischer Gedanke …!

Hans-Ulrich

In Aachen lernte ich meinen Bundesbruder Hans-Ulrich L. beziehungsweise „Beatle“, wie dieser wegen seiner unkonventionellen Haartracht geheißen wurde, kennen.

Während der Studienzeit war er ein äußerst leidenschaftlicher und ehrgeiziger – in erster Linie, – Fußballer gewesen, immer zu irgendwelchen Abenteuern oder einem mehr oder weniger ernsthaften Kräftemessen bereit.

Nach der Übersiedlung nach Bochum arbeitete er als Diplom-Ingenieur der Eisenhüttenkunde in verschiedenen Hüttenwerken, stieg unablässig von Stufe zu Stufe höher bis in die Vorstandsetage eines weltumspannenden Hüttenbetriebes mit über 40.000 Beschäftigten. Jetzt genoss er zahlreiche Privilegien, ein traumhaftes Gehalt mit exklusiven Boni, einen luxuriösen Geschäftswagen mit eigenem Chauffeur, rund um die Uhr, und Erstklassreisen in Flugzeug und Bahn.

2008 besuchte ich Hans-Ulrich in Nordrhein-Westfalen. Zu jener Zeit arbeitete er als Koordinator zur Erstellung eines riesigen Hüttenkombinats in Südamerika.

Hans-Ulrich war, ebenso wie seine Gattin, die Volksschullehrerin gewesen war, bescheiden und freundlich geblieben.

Ich übernachtete im gediegenen selbstkonzipierten Einfamilienhaus mit Edelstahldach, das zehntausend Jahre halten würde, und japanischem Garten, im Zimmer einer Tochter, die Psychologie studierte.

Ich blätterte in der Jubiläumsausgabe des Gesamtwerks von Hans Henny Jahnn. Nun lagen sie vor mir, die Bücher des fantastischen Schriftstellers, der einmal den Nobelpreis erhalten wollte. Viertausenddreihundertdreiundvierzig Seiten dicht und schnörkellos gesetzte Unlesbarkeit, fast fünftausend Seiten nach außen gekehrter Wahnsinn. Ein Text, der alles enthält, was das Leben und

Denken dieses Schriftstellers ausmachte, die chaotisch erotischen Liebensbeziehungen zu seinem Jugendfreund Gottfried Harms und seinen Gespielinnen Ellinor und Monna Philips, der verheirateten Monna Harms, und nach deren ersten Gatten Ableben, der zum zweiten Mal verheirateten Monna Grüter …

Am Abend erschien Hans-Ulrichs Tochter – für einen kurzen Augenblick – hübsch, klug und intelligent.

Mit einer süffisanten Geste, mit einem leichten Anheben der Schulter und einem ironischen „Hm“ gegenüber ihrem etwas abseits stehenden Vater, dem gestandenen Familienoberhaupt, Professor und Generaldirektor, deutete sie an:

„Hm, Du verstehst ja doch nichts!“

– Vermutlich ist es schwieriger, eine nachpubertierende Psychologiestudentin zu zähmen, als einen Betrieb mit 40.000 Mitarbeitern zu führen.

Monna

Die „Versammlung“ hatte auch eine innere Struktur, die sich nicht zuletzt in der Sitzordnung niederschlug. Im vorderen Zimmer, im sogenannten Esszimmer, saß neben dem Fenster ganz rechts, den Ellbogen auf die Fensterbank gestützt, Herr Müller.

Herr Müller war Alkoholiker gewesen und schaffte den Sprung von des Teufels Schippe, indem er seine Seele Gott verschrieb. In jedem seiner frei und engagiert vorgetragenen Gebete pflegte er diesem für die außerordentliche Gnade, die ihm widerfahren war, zu danken. Herr Müller war sozusagen der lebende Beweis für Gottes Existenz. Das Wunder saß sozusagen mitten unter „uns“. Hätte angesichts solcher Tatsachen irgendjemand an Gottes Existenz noch zweifeln mögen …?

Neben Herrn Müller saß meistens eine Frau, der man sofort ansehen konnte, dass sie weniger bei der „Sache“ war. Sie war die Schwie-

gertochter des früheren Predigers und die Mutter meiner beiden Spielkameraden Johannes und Ludwig. Obwohl sie in der Regel beim einleitenden Gesang kräftig mitsang, schien sie an den nachfolgenden Ereignissen weniger interessiert zu sein. Immer wieder, vor allem während der Gebete, sackte sie plötzlich in sich zusammen oder glitt stufenlos in ein stilles Dösen. Dann plötzlich – wie von der Tarantel gestochen – zuckte sie zusammen, hielt mit irritiertem Blick einen Augenblick lang inne, starrte etwas konsterniert in die Runde, um nach kurzer Zeit ihren hoffnungslosen Kampf gegen ihre immerwährende Müdigkeit ein weiteres Mal zu verlieren …

Diese Frau, Monna Grüter, sollte während meiner Kindheit eine wichtige Rolle spielen. Sie wohnte mit ihrer Familie im oberen Stockwerk unseres Hauses, direkt über den „Versammlungsräumen". Über dem Esszimmer, das durch die Veranstaltung eben in Beschlag genommen wurde, lag das Kinderzimmer.

In unserer Wohnung gab es kein Kinderzimmer, weder ein Spielzimmer noch geeignete Spielmöglichkeiten. Jeder Raum hatte seine Funktion: Herrenzimmer, Esszimmer, Schlafzimmer, Küche, Bad usw., – kein Platz für Kinder …!

Die Familiengeschichte

Wo kamen denn meine Eltern her? Mein Ururgroßvater väterlicherseits wurde in Frankfurt geboren und hatte in Heidelberg studiert. Als Professor für Deutsch und Philosophie kam er ans hiesige Gymnasium, wo er Deutsch unterrichtete und eine Bibliothek eröffnete. Dann verliebte er sich in die Tochter des Großindustriellen Hunziker, der in der näheren Umgebung über mehrere tausend Webstühle gebot. Dieser Großindustrielle gab seine Tochter nur unter der Bedingung her, dass sein zukünftiger Schwiegersohn die Stelle als Professor aufgeben und als Geschäftspartner in seine Firma eintreten würde, – was dieser auch tat. Dieser Identitätsbruch sollte sich in der Folge über *mehrere Generationen hinweg fortsetzen. So wankten sowohl mein Großvater, mein Vater, mein Bruder als auch ich persönlich zwischen der Identität des Geisteswissenschaftlers beziehungsweise Künstlers und der Identität des Unternehmers hin und her. Mein Vater studierte Elektroingenieurwesen, betrieb aber ein Modellbauatelier und malte Bilder. Mein Onkel leitete die Fabrik und träumte von Philosophie. Mein Bruder wurde Physiker und malte Bilder, und ich studierte Gießereiingenieurwesen und wurde Psychologe beziehungsweise Philosoph.*

Leider verstarb die Tochter des Großindustriellen, meine Urgroßmutter, bei der Geburt des zweiten Sohnes, – meines Urgroßvaters. So wuchs dieser ohne seine Mutter auf, – ein weiteres Schicksal, das den Charakter unserer Familie über mehrere Jahrzehnte hinweg bestimmen sollte. Entweder heirateten meine männlichen Vorfahren schwache oder kränkliche Frauen, die relativ früh verstarben oder gefühlskalt waren, oder sie starben selber relativ jung, wie mein Vater und mein Großvater. Die Faktoren „Tod" und „Gefühlskälte" bestimmten das Schicksal unserer Familie über mehrere Generationen hinweg.

Auf der Seite meiner Mutter lässt sich ein ähnliches Schicksal finden. Meine Großmutter mütterlicherseits hatte sechs Geschwister. Ihre Mutter starb, als die Kinder noch klein und unmündig waren, was zur Folge hatte, dass die ganze Familie auseinander gerissen wurde. Die Kinder wurden an irgendwelche Bauersleute verdingt. Meine Großmutter hatte besonderes Pech. Sie wurde als Arbeitskraft missbraucht. Sie heiratete in der Folge einen Mann, der in einer Provinzstadt als „Asylvater" diente. Dieser sorgte sowohl für die Alten dieser Stadt als auch für die „Handwerksburschen", die aus ganz Europa zu ihm heranreisten.

So lernte meine Mutter schon früh, dass es viele Menschen gibt, die wichtiger waren als sie, eine Prägung, die sie, selbstverständlich nicht bewusst, auf die eigene Familie übertragen sollte.

Damit können die Faktoren, die den Charakter unserer Familien bestimmten, wie folgt zusammengefasst werden:

Erstens waren es der frühe Tod der Urgroßmutter väterlicherseits und der Urgroßmutter mütterlicherseits, die über viele Generationen hinweg ein kühles Familienklima bewirkten. Zweitens war es der Identitätsbruch des Urgroßvaters, der sich auf die nachfolgenden Generationen übertragen sollte. Drittens war es die Opferung der eigenen Familie, die hinter den Ansprüchen anderer Bedürftiger anzustehen hatte. Und viertens und letztens waren es die nie versiegende Freude am Geistigen beziehungsweise Künstlerischen und eine äußerst zwiespältige Beziehung zum Unternehmertum.

Liebe

Ich war zwölf Jahre alt, als ich im Gefühl tiefer Verbundenheit meiner Mutter einen Brief schrieb:

„Liebe Mama

… Auch wenn es zwischen uns Probleme geben würde und Du daran zweifeln solltest, darfst Du nie vergessen, dass ich Dich immer geliebt habe – und immer lieben werde …

Ferien auf dem Bauernhof

Die schönsten Ferienwochen verbrachte ich zusammen mit meinen beiden Spielkameraden Johannes und Ludwig auf einem einsamen Bauernhof im Zürcher Oberland.

Besagter Bauernhof lag auf einer sanften Anhöhe oberhalb der Gemeinde Hittnau mit einem weiten Blick über den Pfäffikersee. Hinter dem Wohnhaus und den Ställen erstreckten sich weite Getrei-

defelder und grünes Wiesland bis zum Waldrand hinauf. Am frühen Morgen, wenn die Nebelreste über den Wiesen hingen, sah man vereinzelt Rehe äsen. Und wenn die Sonne schien, die Wiesen dampften und die Glocken der Kühe von den Weiden hallten, ließ ich mich zum Nachdenken oder Überlegen ins feuchte Gras fallen. Ich war glücklich, wenn die Sonne warm auf mich herunter schien, das Heu stark nach frischen Kräutern duftete und die Misthaufen dampfend nach Ross und Kühen rochen. Dann trieben die Katzen ihre bunten Spiele, und Bless, der Hund, lag faul und sinnend vor der Hütte. Er blickte aus seinen dunklen Hundeaugen aufmerksam in die Runde, wenn auf dem Vorplatz die Katzen herumtollten, Wagen aus- und einfuhren oder Milchkannen scheppernd über den Hof gerollt wurden.

Mit Ludwig und Johannes zog ich durch die Wälder, wo wir Hütten bauten und nicht ungestraft auf Wespennester einschlugen.

Einmal erwischte es Johannes! Er hatte die Hosen voll von aufgescheuchten und aggressiven Wespen, die ihn in die empfindlichsten Stellen stachen. Andere Male gab es Gras zu mähen und Heu zu zetteln. Wir fingen Fliegen, die wir den fleischfressenden Pflanzen, die wie kleine Seesterne in den Wiesen hockten und mit weit ausladenden Armen um sich griffen, zum Fraße reichten.

Wenn die Tage heiß waren, zog man mit Sack und Pack am römischen Kastell vorbei zum Pfäffikersee, wo wir zum Baden gingen. Hier machten wir die ersten Wassererkundungen. Begeistert beobachtete ich die gelbschwarz gestreiften Eglis, die in bizarren Schwimmbewegungen hin und her zuckten und die blauschwarz glänzenden Muscheln, die vom Seegrund herauf leuchteten.

Römisches Kastell? Tatsächlich, auf der Straße zum Strandbad hinunter zum See konnte man auf der rechten Seite die grauen Zinnen einer längst zerfallenen Römerfestung sehen. Die verwitterten Ruinen wirkten inmitten der saftig grünen Feld- und Wiesenidyllen fremd und furchterregend. Es war, als ob mitten in der blühenden Parklandschaft ein furchterregender Höllenpfuhl sitzen würde. Mit

„römisch" verband ich damals das finstere Altertum mit schnaubenden Kampfrossen und stählern gerüsteten Gladiatoren.

Die Begegnung mit den Tieren, den Pferden im Stall, den Kühen auf der Weide, mit Bless, dem Hund, den Katzen und dem Federvieh im Hof stellte für mich ein unvergessliches Erlebnis dar.

Rosa, die Kuh, aus unbekannten Gründen aufgeschreckt, durchschlug in der frühen Abenddämmerung Hag und Zaun, sprang über Hecken und Sträucher Amok bis ins Nachbardorf hinunter, wo sie im Rahmen einer von den Bauern ad hoc organisierten Wiedereinfangaktion glücklich wieder eingefangen werden konnte. Ich war beeindruckt ob der gewaltigen Energie der tierischen Kreatur.

Nicht weniger eigen benahmen sich die Hähne, die böse waren, die Kinder aus dem Hinterhalt attackierten, auf deren Rücken sprangen und in den Nacken pickten.

Besagter Bauernhof bestand aus einem langgestreckten und zusammengebauten Wohn- und Wirtschaftshaus, wobei sich an den ersten Wohnbereich ein zweiter und eine hölzerne Scheune anfügten. Der eigentliche Stall stand etwas abseits, auf der anderen Seite der vom Dorf in den Wald hinauf führenden Durchgangsstraße.

Madame Philips

Im sogenannten Vorderhaus wohnte die Großmama meiner beiden Spielkameraden, und im zweiten Wohnbereich die Besitzerfamilie, bei der ich ein Zimmer bewohnte.

Die Großmutter von Ludwig und Johannes war eine besondere Persönlichkeit, eine richtige „Madame", die in diese Umgebung nicht hinein passen wollte. Sie war etwas Eigenes. Eine Respektsperson, zudem weißhaarig und schwarz gekleidet. Mit festem Blick und intellektuellem Gehabe verströmte sie etwas Außerordentliches. Man sagte, dass sie aus Deutschland stamme, aus Hamburg oder Berlin, und eigentlich Lehrerin sei. Aber, – was hatte diese Frau aus dem kalten Norden in diesem verschlafenen Nest zu suchen? Es musste um das Jahr 1950 herum gewesen sein, – war sie möglicherweise Kriegs- beziehungsweise Kulturflüchtling? War sie etwa eine Frau, die, wie später in Mode kam, vom Leben auf dem Land träumte?

Tatsächlich war Madame Philips anfänglich Lehrerin gewesen, bis sie mit ihrem Mann ins Tessin zog, wo sie sich bekehrte, in der avantgardistischen Künstlerkolonie „Monte Verità" ein- und ausging, und schließlich auf dem Bauernhof im Zürcher Oberland ihre feste Bleibe fand. „Monte Verità"? Das warf Fragen auf! War sie möglicherweise dem belgischen König, dem Großfürsten Alexander von Russland, oder vielleicht Hermann Hesse und Gerhard Hauptmann – oder vielleicht gar Lenin und Trotzki – begegnet? Wer war denn diese Frau?

Sie hieß Elsa Philips, war die Großmama meiner beiden Spielkameraden Johannes und Ludwig, oder besser gesagt die Stiefmutter der Mutter der beiden Jungs. Letztere hieß, wie oben angedeutet, Monna Grüter.

Jedes Glück musste einmal zu Ende gehen. Auch der Urlaub auf dem Bauernhof, den ich nie vergessen würde.

Das Muss

Der Besuch der „Versammlung " war für die meisten Familienangehörigen ein absolutes „Muss". Wenn „Versammlung" angesagt war, musste alles andere zurückstehen: Termine wurden abgesagt, Ferien verschoben und Freunde beziehungsweise Familienmitglieder, die nicht der „Versammlung" angehörten, vertröstet.

Das Wunder

Stets wird behauptet, dass viele Geheimnisse schon gelöst seien, nicht aber das „Rätsel des Lebens":

„Wer zündet den ersten Lebensfunken?“

Irgendwie musste es einen entscheidenden „Kick“ gegeben haben, einen besonderen Stoß von außen, so wurde behauptet, der die Lebensglut entfachte.

Ich erinnere mich noch deutlich an die Physikstunde, wie ich reagierte, als der Lehrer die Kabel miteinander verband und den Schalter betätigte. Aus der einförmigen und geradlinigen Bewegung des Magneten wurde ein unendliches Drehen. Die Räder begannen zu rotieren. Das gleiche Staunen wiederfuhr mir, als ich das Funktionieren des Benzinmotors begriff. Die Motoren liefen, wenn man sie einschaltete, steuerte und regelte. Es war nur eine Frage des Maßes, ob der Mechanismus funktionierte. Die Bewegungen ließen sich endlos fortsetzen, bis man entweder den Strom ausschaltete, die Benzinzufuhr unterbrach oder wichtige Teile des Motors versagten.

Ich erlebte das Funktionieren eines Elektro- beziehungsweise Benzinmotors als etwas Großartiges, etwas Wunderbares, und ich verehrte die Ingenieure, die diese Leistung vollbracht hatten. Gleichzeitig stand für mich fest, dass sich das Leben im menschlichen Körper nicht grundsätzlich vom Laufen eines Motors unterscheidet. Ein Auto steht still, wenn die Benzinzufuhr unterbrochen wird, die Elektronik versagt oder die Mechanik spukt. Auch beim Menschen greifen unzählige Teile eines komplexen Systems ineinander. Wenn eine Blutbahn verstopft, Muskeln erlahmt, die Knochen gebrochen oder Gehirnregionen verletzt sind, ist das Funktionieren des Organismus in Frage gestellt. Da hilft kein Beten und Glauben mehr. Und das Leben steht still, wenn ein einziges wichtiges Organ versagt.

Auf den Sandbänken

Wenn die Sonne heiß und grell durch die Fenster schien, wurde es laut über unseren Köpfen. Gegen zehn Uhr morgens rumpelte es die Treppe herab. Tücher, Taschen, Säcke und Spielsachen wurden nach unten geschleppt, und Monna Grüter versammelte sämtliche Kinder, deren sie habhaft werden konnte, zu einer „Kinderkarawane". Mit Leiterwagen und prall gefüllten Taschen ging es über die Straße, quer durch die Innenstadt bis zu den Sandbänken am nahen Fluss hinunter. Dort saß dann Frau Grüter im seidenen Unterrock auf einer weichen Grasmatte, den Sand durch die Zehen rieselnd, während die Kinder den ganzen Tag auf den Sandbänken herumtollten. Das waren fantastische Tage. – Erst später sollte ich begreifen, an was sich Frau Grüter wohl erinnert haben mochte, wenn sie mit ihren Zehen im feuchten Sand herum stocherte und das Wasser des schnell dahin fließenden Flusses um ihre Knöchel gurgeln ließ …

Kybernetik

Ich erinnere mich deutlich an die Begeisterung, die vor Jahren der Kybernetik zukam, als man deren grundsätzliche Bedeutung im Hinblick auf bewegte Systeme, und weiter, im Hinblick auf die philosophische Frage nach dem Wesen des Lebens erkannte. Die Kybernetik war zur Modewissenschaft geworden. Im Hinblick auf natürliche Systeme, wie zum Beispiel der Mensch eines darstellt, kommt den sich selbst regulierenden Systemen, die sich über Lernprozesse an ihre Umgebung anpassen, entscheidende Bedeutung zu.

Die Kybernetik beschäftigt sich mit „lebenden" Systemen, mit Steuerungs- und Regelungsmechanismen in technischen und natürlichen Systemen. Sie gibt damit, so dachte ich damals, die entscheidende Antwort auf die Frage nach dem Wesen des „Lebens".

Erst später würde ich den Begriff erweitern. Eigentlich beginnt das Leben schon in den Atomen.

Trotzdem blieb die Frage, wie es zum ersten „Lebensfunken" kam, noch offen. Es ging nicht um den Begriff „Leben", sondern um das „System Leben", das heißt, um den Organismus als Ganzes, der Leben induziert.

Die Ursuppe

Im legendären „Ursuppen-Experiment" von 1952 füllte der Chemiestudent Stanley Lloyd Miller den Glaskolben mit 200 Millilitern Wasser, Ammoniak, Methan und Wasserstoffgas. Er schob den Gasbrenner unter den Kolben und steckte Elektroden in das Gefäß. Dann legte er Spannung an. Die Blitze zuckten.

Dieser Versuchsaufbau sollte die Erde im Zustand vor über vier Milliarden Jahren simulieren. Innerhalb einer Woche verfärbte sich der „Ur-Ozean" rosa, dann dunkelrot und schließlich kondensierten an den Wänden gelbe Niederschläge aus. Am siebten Tag schwammen mehrere Aminosäuren, die komplizierte organische Verbindungen darstellen, in der Brühe. Damit waren aus nicht organischen oder einfachen organischen Bestandteilen komplexe organische Stoffe entstanden.

Dieses Experiment sollte zeigen, dass aus einfachen Zutaten unter ganz bestimmten Bedingungen, die das Geschehen auf der Erde simulieren, die Grundbausteine des Lebens entstehen können. Damit wurden auf künstlichem Wege die Voraussetzungen für das Entzünden des Lebensfunkens geschaffen und ein erster Beweis erbracht, dass der Beginn des Lebens nicht auf göttlicher Schöpferkraft beruhen musste!

Das Experiment bedeutete aber noch mehr. Es legt nahe, dass überall im Universum, wo solche Bedingungen herrschen beziehungsweise herrschten, das heißt milliardenfach, Leben in dieser oder ähnlicher Form entstehen kann.

Die Sonnenterrasse

Monna Grüter war eine außerordentliche Frau, die wie ihre Stiefmutter auf dem Zürcher Bauernhof aus einer anderen Welt zu kommen schien.

Das spürten auch meine Eltern. Immer wenn Sommer war, wenn sich die Trauerbuche dunkel verfärbte und wenn weder Sandbänke noch „Versammlungen" auf der Tagesordnung standen, verhüllte Monna Grüter den schmiedeeisernen Balkon mit weißen und gelben Tüchern, – und zur Straße hin mit einer spanischen Wand. So verwandelte sie ihre Terrasse in kürzester Zeit zu einem frei improvisierten Badestrand. Und, – was Monna Grüter hinter dieser geheimnisvoll konstruierten Balkonverhüllung wirklich tat, konnten sich die Familienmitglieder in der unteren Etage nur eben so denken. In Wirklichkeit legte sich Frau Grüter splitternackt und völlig harmlos sonnenhungrig in den hölzernen Liegestuhl, ganz so, wie sie es vermutlich in ihren ausschweifenden Jugendjahren mit ihren verwegenen Schriftstellergesellen auf der deutschen Ostseeinsel Bornholm getan haben mochte …

Das waren dann Tage, während der meine Eltern innerlich erstarrten. Die Mutter wirkte bedrückt und ging wie auf Zehenspitzen, während mein Vater sichtlich erregt seinen unterschwelligen Groll hinter einem versteinerten Gesicht zu verbergen suchte.

Hinter vorgehaltener Hand sprach man dann aus, was alle anderen dachten, dass sich Frau Grüter wieder einmal ihr besonderes Recht herausnehmen würde, das – nach Ansicht meiner Eltern – gegen Sitte und Anstand verstieß:

„Freikörperkultur in einem Gotteshaus!" Solche Freizügigkeit war man nicht gewohnt. Und so ersehnten meine Eltern den kühlen Abend herbei, der sie von der respektlosen „Provokation über ihren Köpfen" endlich befreien würde. Dann würde die Welt wieder in Ordnung sein.

Der besondere Gast

Monna Grüter war aber nicht nur eine besondere, sondern auch eine geheimnisumwitterte Frau. Eines Morgens wurde die sonst gleichmütig wirkende Monna von gewaltiger Unrast befallen.

Es wurde still, die Klingel läutete und es polterten harte Schritte die Treppe empor! Er, der besondere Gast, wurde ehrfurchtsvoll empfangen und begrüßt, – der Hüne mit dem breitkrempigen Hut und dem überlangen Mantel. Ein Kuriosum, ganz anders als andere Männer. Es war, als ob ein Außerirdischer in die Gefilde unserer harmlos gutbürgerlichen Familie hineingedrungen wäre und diese mit seiner fulminanten Präsenz für einen kurzen Augenblick lang vollkommen in Beschlag genommen hätte.

Wer war denn dieser Mann, der nicht in diese Welt passen wollte? Nach einigen Stunden war der ganze Spuk vorbei. Henny, wie er genannte wurde, verließ das Haus auf die gleiche ruppige Art wie er gekommen war. Es war, als ob alle Hausbewohner für einen kurzen Augenblick lang den Atem angehalten und ein fürchterliches Beben die kleinbürgerliche „Welt" durcheinander gerüttelt hätte …

Erst später sollte ich erfahren, um wen es sich damals gehandelt hatte. Es war Hans Henny Jahnn, der berühmt berüchtigte deutsche Schriftsteller, der zu eben jener Zeit in der Schweiz weilte und seiner ehemaligen und heute gutbürgerlich domestizierten Jugendgeliebten einen kurzen Besuch abstattete …

Ein Nichts in glänzender Uniform

Wer war ich im Alter von dreiundzwanzig Jahren? Ich war überangepasst, überlieb und irgendwie verschlossen. Ein Jüngling ohne Perspektiven! Die Möglichkeit, später die Firma meines Onkels zu übernehmen, war nicht mehr realistisch. Sie entsprach weder meinen Bedürfnissen noch meinen wirklichen Interessen.

Was hatte ich gelernt? Vieles, aber nicht das Richtige.

Meine Mutter war zwar tolerant, so glaubte ich wenigstens. Sie ließ mir freie Hand. Das war aber nicht genug! Jeder Mensch braucht während seiner Kindheit strukturbildende Auseinandersetzungen über alle Dinge des Lebens. Die etwas lieblose und sexualfeindliche Erziehung hatte mich geprägt. Einerseits war ich hungrig nach Anerkennung. Andererseits war ich nicht in der Lage, eine tiefere Beziehung einzugehen. Im Gegenteil. In meiner Hilflosigkeit versuchte ich, nicht zuletzt bei meinen Freundinnen, mich mit einem pseudo-intellektuellen Gehabe interessant zu machen. Ich hatte zwar gelernt, wie man sich anpasst. Ich hatte aber nicht gelernt, wie man sich durch- beziehungsweise auseinandersetzt, wie man ein glückliches und selbstbewusstes Leben führen kann.

In unserer Familie wurde nie kompetent über wichtige Dinge des Lebens, über Politik, über die komplexen Vorgänge des Wirtschaftslebens oder über kulturelle beziehungsweise gesellschaftliche Fragen diskutiert. Ich wurde zwar angehalten, demütig und gottesfürchtig zu sein, ohne Freude an Kreativität, Sexualität oder geistiger Inspiration. In diesem Sinne blieb ich ein Spiegelbild der Familie, eines kleinkarierten freudlosen Kleinbürgertums, das mir Tag und Nacht vorgelebt wurde. Das sollte nicht folgenlos bleiben!

Zudem war ich stur, – wie meine Eltern. Im Umgang mit meinesgleichen eher ungeschickt und unreif, vor allem was die Äußerung meiner Gefühle betraf. Ich hatte nie gelernt, mich über mich und meine Empfindungen differenziert auseinanderzusetzen. Zudem fehlte mir das Selbstvertrauen, weil ich spürte, dass ich seelisch nicht gewachsen und meinen Mitmenschen psychisch und intellektuell unterlegen war.

Im Hinblick auf Frauen hatte ich zwar große Erwartungen. Im direkten Gespräch zeigte ich mich aber ungeschickt und hilflos. Es fehlte mir an Selbstvertrauen. Ich fühlte mich unsicher und hatte den Menschen, vor allem den weiblichen, nichts Gleichwertiges entgegenzusetzen.

Ich war nicht in der Lage, eine verbindliche Beziehung mit konkreten Vorstellungen zu verknüpfen. Meine Beziehungen blieben deshalb unverbindlich und oberflächlich.

Seit meiner Kindheit befand ich mich in einem psychischen Schockzustand, – in einer langsam durch die zahlreichen Enttäuschungen und Verletzungen entstandenen Erstarrung.

Das musste sich ändern! Im Mindesten einen Teil meiner Minderwertigkeitsgefühle konnte ich im Militärdienst loswerden. Meine Überangepasstheit sollte sich auszahlen. Es fiel mir leicht, den Gehorsamkeitsanforderungen in der militärischen Hierarchie nachzukommen. Ein Leben in streng strukturiertem Milieu entband mich von der Aufgabe, selbstverantwortlich zu handeln. Am Ende der siebzehnwöchigen Grundausbildung, nach dem Durchstehen unendlicher Demütigungen und Strapazen, wurde ich belohnt, – ich war der beste Soldat! Als es aber darum ging, selbständiges Denken und Handeln zu zeigen, war ich überfordert, – ein „Nichts“ in glänzender Uniform!

Konfirmation

Eigentlich hätte ich gar nicht konfirmiert werden sollen. Ich war nach meiner Geburt nicht getauft worden! Meine Eltern hatten die Kindstaufe im Sinne des fundamental christlichen Glaubens bewusst unterlassen. Ich sollte als Erwachsener einmal selber entscheiden kön-

nen, welcher Glaubensgemeinde ich angehören wollte. – Eine Auffassung, die von großer Toleranz zeugte.

„Gott sei Dank“ zeigte sich der Pfarrer einsichtig. Ich sollte trotz fehlender Taufe konfirmiert werden.

Also besuchte ich den Konfirmandenunterricht und erklärte mich bereit, dem Wunsch des Pfarrers zu entsprechen, anlässlich der Konfirmationsfeier vor versammelter Kirchgemeinde mündlich Zeugnis abzulegen. Die Konfirmanden sollten auf einen Text, den der Pfarrer vorlesen würde, und der die Bereitschaft der Konfirmanden, der Kirche anzugehören, beinhaltete, geschlossen mit einem gemeinschaftlichen „Ja“ antworten.

Wir versammelten uns im Chor der Stadtkirche. Wir waren festlich gekleidet, die Mädchen in schwarzen Röcken, die Knaben in dunklen Anzügen mit silbriger Krawatte, oder wie ich, im mausgrauen „Zweireiher“.

Die Begrüßung der Konfirmanden und der Gemeindemitglieder war bereits vollzogen, das Gebet gesprochen und das erste Lied gesungen, als sich der Pfarrer mit salbungsvollen Worten an die Gemeinde und an die vor ihm stehenden Konfirmanden wandte. Als ich gerade dabei war, die herrlichen Glasfenster von Felix Hoffmann an den Seitenwänden des Chores zu bestaunen, hörte ich plötzlich um mich herum ein lautes „Ja“. Wieder hatte ich den entscheidenden Augenblick verschlafen. War es möglicherweise mein Unbewusstes, das da „geschwiegen“ hatte?

Abschluss des Studiums

Nach dem Vordiplom wurde vieles anders. Im Vordergrund standen nun Fächer wie Gießereikunde, Eisenhüttenkunde, Metallhüttenkunde, Metallphysik, Metallkunde und Gesteinshüttenkunde. Man kannte sowohl die Kommilitonen als auch die Professoren persönlich. Oftmals saßen nur wenige Studenten in den Bänken, während der Privatdozent oder der außerordentliche Professor etwas irritiert vor sich hin dozierte. Schließlich, nach weiteren vier Semestern, musste ich die Diplomarbeit anfertigen. Jetzt galt es endlich selbständig zu handeln.

Ich hatte den Auftrag, das Erstarrungsverhalten von Leichtmetalllegierungen anhand einer bereits bestehenden beziehungsweise ausgetesteten Apparatur zu untersuchen. Das flüssige Metall wurde in einem kleinen Schmelztiegel langsam abgekühlt. Nach Einsetzen der Erstarrung wurde der Tiegel nach feststehenden Zeitabständen anhand eines direkt zugeleiteten Wasserstrahls „abgeschreckt". Diese Schnellkühlung beschleunigte den Erstarrungsvorgang augenblicklich und erzeugte in der Schmelze eine klare Erstarrungsfront, die im Schliffbild als sichtbare Grenze betrachtet werden konnte. Anhand dieser Schliffbilder wurde das Erstarrungsverhalten von verschiedenen Aluminium- beziehungsweise Magnesiumlegierungen differenziert untersucht.

Nach Abschluss der Diplomarbeit musste das Schlussexamen bestanden werden. Alles entwickelte sich zufriedenstellend. Das letzte Prüfungsfach war Gesteinshüttenkunde. Es hatte sich herumgesprochen, dass man für diese Prüfung nur die letzte Vorlesung besuchen musste. Tatsächlich erkundigte sich der Professor nach dem Stoff der letzten Stunde. Ich erzählte, was ich eben gehört hatte. Damit war die Prüfung bestanden. Abschließend fragte der Professor:

„Welche Note wollen Sie?"

Ich antwortete:

„Eine Eins!"

Damit war mein Hüttenkunde-Studium abgeschlossen …

Wer bin ich?

Im Alter von sechzehn Jahren suchte ich nach meiner Identität. Wer war ich wirklich? Was wollte ich tun? Ich wandte mich an verschiedene Berufsberater. Dabei sollte jedes Verfahren eine Chance haben. Ob das Gutachten auf der Schrift, dem Studium der Gesichtszüge, im Beurteilen der Handlinien oder einem ganzen Satz von psychologischen Tests beruhen sollte, machte keinen Unterschied.

Der Physiognomiker zeigte etwas süffisant auf meinen Haarbüschel am Hinterkopf und meinte, dass dieser eine kreative Spannung anzeige. Er riet zum Studium der Ökonomie oder des Lehrerberufs. Nur der Graphologe, ein studierter Germanist, konnte überzeugen. Er wies auf meine Begabungen hin und riet zu einem naturwissenschaftlichen Studium. Er gab selbstkritisch zu bedenken, dass das Studium der Naturwissenschaften eine gute Basis darstelle. Er spüre selber, dass Personen, die von den Naturwissenschaften her kämen, ihm, dem reinen Geisteswissenschaftler, überlegen seien. Sie würden in ihrem Denken und Fühlen fester auf dem „Boden der Wirklichkeit" stehen als reine Geisteswissenschaftler.

Diese Worte sollten für mich richtungsweisend bleiben, – und mich ermutigen, an meinen von den Naturwissenschaften her geprägten Überzeugungen festzuhalten.

Die Leidenschaft

Nach meinem Erststudium unterzog ich mich einer aufwendigeren beziehungsweise „seriöseren" testpsychologischen Untersuchung. Zwei Tage lang bearbeitete ich Fragebögen und Formulare. Das Ergebnis war ernüchternd. Man riet mir zum Studium der Wirtschaftswissenschaften. Niemand schien, was mich sehr enttäuschte, meine Leidenschaft für Psychologie, Literatur und Philosophie zu sehen.

Hans Henny Jahnn

Wer waren eigentlich die Mieter beziehungsweise die etwas sonderbare Mieterin in der oberen Etage? Etwa um das Jahr 1948 herum standen sie plötzlich da, die Familie Grüter mit den beiden Kindern Ludwig und Johannes und dem etwas älteren Halbbruder Eduard Harms.

Mit dieser Familie kamen für mich eine wichtige Anregung und für meine Eltern ein bedrohlicher Zwiespalt in unser Haus. Die tiefreligiösen Bräuche in meiner Familie standen in eklatantem Widerspruch zur „Unbekümmertheit" dieser Familie. Traugott Grüter, der Vater von Ludwig und Johannes, Sohn eines Bauern und Sektenpredigers, war Modellbauer, Kunstmaler und Yogaanhänger. Und die Mutter, Monna Grüter, geborene Philips, stammte, wie schon oben erwähnt, aus Hamburg, war die eigentliche Stieftochter der verarmt adligen und strenggläubigen Gymnasiallehrerin Elsa Philips.

Johannes sagte:

„Als junges Fräulein kam Monna Philips mit dem exaltierten deutschen Bücherschreiber Hans Henny Jahnn in Kontakt. Dieser war ein mehr oder weniger berühmter, wenn nicht gar berüchtigter Schriftsteller, Dramatiker, nebenberuflich Orgelbauer und Hobbylandwirt, der wegen des ersten Weltkrieges nach Norwegen emigrierte und während des zweiten in einer chaotisch promiskuitiven Lebens- und Glaubensgemeinschaft mit mehreren Freunden und Damen, in der ausschweifende Exzesse und tief greifende Eifersuchtsszenen an der Tagesordnung waren, auf der Ostseeinsel Bornholm lebte."

Internationale Skandalfigur ersten Ranges

Zwei der jungen Frauen waren die Stieftöchter von Elsa Philips, der sonderbaren Hamburger Lehrerin beziehungsweise Bewohnerin des einsamen Bauernhofs im Zürcher Oberland. Die etwas überspannte Tanzlehrerin Ellinor Philips, die sich, um das Gesicht zu wahren, mit dem Schriftsteller selber verband, – und ihre jüngere Schwester Monna Philips, die sich mit dem homoerotischen Partner und Geliebten von Hans Henny Jahnn, mit Gottfried Harms, vermählte. Aus dieser Verbindung stammte der Sohn Eduard Harms. Und, – man höre und staune: Monna Grüter, die Mieterin in der oberen Etage, war eben diese ehemalige Monna Philips, die Gespielin von Hans Henny Jahnn, die sich schließlich mit Hilfe ihrer wohl mit Recht besorgten und fanatisch gottgläubigen Stiefmutter Elsa Philips, für die der Schriftsteller Hans Henny Jahnn der Leibhaftige in Person war, aus der etwas verrückten Lebens- und Liebesgemeinschaft auf der Ostseeinsel absetzte, um den jungen Schweizer Modellbauer Traugott Grüter zu lieben und zu heiraten, und um es in der Schweizer Abgeschiedenheit mit einem beinahe gutbürgerlichen Leben ein zweites Mal zu versuchen. Monna Philips war auf der Insel Bornholm, so könnte man sagen, zwischen dem Himmel einer pseudoliberalen Gesinnungsgemeinschaft und der Hölle mörderischer Eifersuchtsszenen innerhalb des etwas skurrilen Beziehungsvierecks buchstäblich zerrieben worden. Sie war im Lichte der Zeit gesehen, eine internationale Skandalfigur ersten Ranges. Für einen kurzen Augenblick lang schrieb sie Weltgeschichte, um einen kleinen Augenblick später im grenzenlosen Meer der mäßig interessanten Schweizer Durchschnittlichkeit sang- und klanglos unterzugehen.

Man kann sich nun gut vorstellen, dass diese in ihrem Innersten verunsicherte Frau nach ihrer von ihrer Stiefmutter inszenierten Flucht in die provinzielle Abgeschiedenheit im Kreis des klerikal-ambitiösen Umfeldes unserer Familie buchstäblich zu ersticken drohte.

Die Halbgötter

Monna Grüter blieb trotz ihrer halbwegs erfolgreichen Absetz- beziehungsweise Integrationsbemühungen in die kleinbürgerliche Existenz ihrem einstigen Mentor Hans Henny Jahnn zeitlebens verbunden, was schließlich dazu führte, dass die Familie nach dem Tode meines Vaters in die Heimatstadt Hamburg zurückkehrte.

Und mit einem Schlag wurde mir bewusst, wer der ältere Halbbruder meiner beiden Spielkameraden Johannes und Ludwig in Wirklichkeit gewesen war. Es war Eduard Harms, das einzige Kind aus der Verbindung zwischen Monna Philips und Gottfried Harms, dem ehemaligen und viel zu früh verstorbenen Lebensgefährten und Jugendgeliebten von Hans Henny Jahnn. Es war dieser Eduard Harms, der Jurastudent, mit dem wir, ich und meine beiden Spielgefährten Johannes und Ludwig, hin und wieder in der Dunkelheit der nächtlichen Gartens „Räuber und Poli" spielten …

Ich konnte mir nun gut vorstellen, welche Gefühle die kläglich-dünnen Sandbänke in den Auenlandschaften oder die bizarr verhängten Tücher-Landschaften auf der mit dem schmiedeeisernen Geländer umfassten Terrasse bei der späteren Frau Grüter ausgelöst haben mochten. Waren es etwa Erinnerungen an das übermütige Tollen am Badestrand der damals noch wenig bekannten Ostseeinsel Bornholm? Man muss sich einmal vorstellen: Das Zusammenleben in dieser einmaligen und extravagant chaotischen Lebensgemeinschaft, – die tagelangen Diskussionen zu zweit, zu viert oder in größerer Gemeinschaft in lockeren Künstlerkreisen, – das Gefühl, etwas Einmaliges, Besonderes oder Verbotenes zu tun, – die Kleinbürgerlichkeit der damaligen Zeit, und nicht nur diese, maßlos vor den Kopf zu stoßen, – Liebe und Leidenschaft ostentativ auszuleben, nicht zuletzt mit Hass und Eifersucht durchsetzt, – das Gefühl, dem normalen Bürgerleben und der gängigen Sexualmoral ein gehöriges Schnippchen zu schlagen.

Es wundert deshalb nicht, dass ich stets das Gefühl hatte, dass sich Frau Grüter zwar beflissen mit einer ihr allzu frommen Umwelt arrangierte, dass sie aber in ihrem Innersten von einem ganz anderen Stern zu kommen schien. Es schien, als ob sie wie ein Stück verlorenen Treibholzes an einer ihr völlig fremden Küste angespült worden wäre.

Wo es ein klarer Fall von „entweder oder" gewesen wäre, musste Frau Grüter Kompromisse schließen. Mein Vater war der Arbeitgeber ihres Mannes. Der Vorgänger unseres Predigers war ihr Schwiegervater gewesen. Das musste es gewesen sein, was sie vermutlich dazu bewog, an den „Versammlungen" mehr halbherzig als engagiert teilzunehmen.

Das war also die geheimnisvolle und skandalumwitterte Geschichte um Monna Grüter, der geborenen Monna Philips! Und ich? Ich saß mitten drin, im Spannungsfeld der beiden Halbgötter, des „Predigers" und Hans Henny Jahnns, – dem Christ und dem Antichristen in Person …!

Der Blick zurück im Zorn

In Aachen war ich nie glücklich gewesen. Am letzten Morgen, zwei Stunden nach der letzten Prüfung und einem Umtrunk mit meinen „Bundesbrüdern", packte ich meine Sachen. Mein „Käfer" war bis unter das Dach gefüllt. Ich fuhr von der Eilfschornsteinstraße quer durch die Altstadt bis zum Europaplatz hinunter, wo ich kurzerhand auf die Autobahn einbog. Kurz vor der Ausfahrt „Verlautenheide", auf der Anhöhe, die mir einen letzten Blick auf Aachen gestattete, wurde ich von heftigem Zorn befallen: Ein Blick zurück im Zorn! Ich dachte:

„Das habe ich nie gewollt!"

Während ich noch vor dem Gießereiingenieurstudium klar gewusst hatte, was ich wirklich wollte, – wusste ich es nun nicht mehr. – Die Seele war mir abhanden gekommen.

Weltstadt mit Herz

Ich war sprachlos geworden, interesselos und gleichzeitig maßlos aggressiv.

Was sollte ich tun? Ich wollte auf keinen Fall Gießereiingenieur sein, der ich eben geworden war. Das war einfach nicht möglich. Also beschloss ich, mein Studium fortzusetzen, möglichst in einem Fach, das mich zum Menschen zurückführen würde. Als Diplomingenieur konnte ich in München ein Aufbaustudium zum Diplom-Wirtschafts-Ingenieur machen. Erstens würde ich mich dem Fachbereich Sozialwissenschaften annähern, und zweitens würde ich in der Weltstadt München studieren können, – der „Weltstadt mit Herz“: – Mit dieser Entscheidung schlug ich „zwei Fliegen auf einen Schlag“!

Zwar fing vieles wieder von vorne an: Statistik, Betriebswirtschaftslehre, Führungsseminar. Es gab aber auch Fächer, die mich mehr interessierten: Volkswirtschaftslehre, Arbeitsphysiologie und Arbeitspsychologie! – Ein Kompromiss!

Der Viermal-Christ

Das christliche Gedankengut beherrschte unsere Familie. Es wurde getragen von Erleuchtungserlebnissen, Antichristvorstellungen und Weltuntergangsfantasien. Gott war Hüter und Herrscher unserer Familie. Von ihm und zu ihm kam und ging alles.

Es gab auch andere Familienmitglieder, die ähnlich dachten oder glaubten wie meine Eltern, zum Beispiel mein Neffe, mein Onkel, die

Tante und die älteren Halbgeschwister. Sie waren allesamt „gläubig". Es gab nur wenige Familienmitglieder, die Ausnahmen waren, die aber, bei familiären Zusammenkünften, allesamt schwiegen. Zum Beispiel der Schwager, der Mann der zweitältesten Halbschwester, der Vize-Direktor mit dem steinernen Gesicht, dem man seine Verlegenheit trotz seines Bemühens, Haltung zu bewahren, allemal ansehen konnte, der selbst beim Beten, wenn die Familienmitglieder demütig ihre Blicke senkten, erhobenen Hauptes in die Runde blickte, – und der zweite Schwager, der Mann der dritten Schwester, der später einmal das väterliche Geschäft übernehmen sollte und spaßeshalber sagte, er sei ein „Viermal-Christ". Das heiße, dass er zu jenen Christen gehöre, die während ihres Lebens vier Mal zur Kirche gingen, das erste Mal zur Taufe, ein zweites Mal anlässlich der Konfirmation, ein drittes Mal bei der Heirat und ein letztes Mal als Leiche.

Es waren nicht die Fanatiker, die in der Familie Außenseiter waren, sondern die „Normalen". Niemand schien zu riskieren, schon gar nicht die letzteren, sich zu exponieren oder Widerstand zu leisten. Sie wären ihres Ansehens schnell verlustig gegangen, was zu unvorhergesehenen Konsequenzen, zu unüberbrückbaren Spannungen zwischen ihnen und ihren Partnern oder gar zu Streit und Trennung geführt hätte. – Ich wäre diesen sogenannten „Normalen" aber sehr dankbar gewesen.

Der Himmel auf Erden

Das Mädchen war gleich alt wie ich, vierzehn Jahre alt und blond. Wegen des Todes ihrer Mutter war sie früh gereift und suchte einen Freund. Einen richtigen Freund, mit dem man reden konnte. Ich sollte dieser sein, – eine Botschaft, die sie mir mittels eines verschwiegenen Zettelchens heimlich überbringen ließ.

Am Stadtfest tanzten wir zusammen. Ihre Hände waren seidig weich und warm, ihre Brüste kindlich flach.

Am Abend schmusten wir zusammen. Ein Mädchen an meiner Brust zu spüren entfachte in mir einen Gefühlssturm ohnegleichen. Nie hatte ich etwas Ähnliches erlebt. In diesem Augenblick spürte ich nicht, was ich gerade erhielt, nämlich Zärtlichkeit und Umarmung, sondern mit der Wucht einer emotionalen Explosion, was ich die ganze Kindheit hindurch entbehrt haben musste. Ich fühlte:

„Das ist der Himmel auf Erden!"

Es wurde mir mit einem Schlag bewusst, dass ich von Seiten meiner Mutter nie Zärtlichkeit erfahren hatte, vor allem keine Umarmung, und dass ich seit meiner Kindheit eine tiefe Sehnsucht in mir hegte. In diesem Augenblick wurde ich mir des immensen seelischen Schmerzes bewusst.

War es wirklich so, dass meine Mutter zwar äußerst liebenswürdig und intelligent gewesen war, dass sie aber nicht imstande war, mir Zärtlichkeit zu geben? Vielleicht suchte sie ihren „Himmel" im „göttlichen Himmel", – anstatt in den Armen ihrer Mitmenschen. Ein gewaltiger Schock!

Wieder hatte ich etwas Wichtiges verstanden, etwas Entscheidendes, ein Anflug von vernichtender Fundamentalkritik an meinen Eltern! – Waren sie möglicherweise kalt und unnahbar gewesen?

In diesem Augenblick spürte ich klar, dass das Fehlen von Nähe und Zärtlichkeit von Kindern niemals verschmerzt werden kann. – Niemals!

Das Defizit an Körperlichkeit hatte verheerende Folgen. Ich trug die Sehnsucht nach Nähe wie eine sengende Flamme in mir, ohne deren Herkunft zu erkennen, und ich dachte, dass der Mangel an Herzlichkeit möglicherweise ein wichtiges Motiv für religiöse Bedürfnisse sein könnte, – ein weiterer vernichtender Gedanke! Eine Einsicht, die meinen Glauben an die Vollkommenheit meiner Eltern ein weiteres Mal zutiefst erschüttern sollte.

Die Korsettstangen

Weitere Erinnerungen kamen hoch: Es war im Garten. Ich schlang in einem Anflug zärtlicher Gefühle meine Arme um meine Mutter. Sie reagierte abweisend. Es war ein Moment des überraschten Innehaltens, als ich realisierte – ich musste etwa sechs Jahre alt gewesen sein – dass ich nicht auf Gegenliebe stieß, dass mich meine Mutter nicht zärtlich umarmen wollte beziehungsweise konnte. In diesem Augenblick spürte ich die stählernen Korsettstangen wie ein kalter Abwehrpanzer, als ob meine Sehnsucht an dieser ehernen Festung unbarmherzig abprallen müsste.

Ein Jahr später, im Alter von fünfzehn Jahren, wurde ich von Bekannten an ein Geburtstagsfest eingeladen. Ich sah, wie sich die Gäste bei der Begrüßung herzlich umarmten und küssten. Unglaublich! Ich war schockiert. Ich hatte das Gefühl, dass jeder jeden betrüge. Die herzliche Art der Begrüßung hatte ich noch nie erlebt. Spontaneität und Herzlichkeit waren mir fremd.

Später begriff ich, dass nicht meine Bekannten unangemessen reagierten. Nein! Nicht sie waren untreu oder niederträchtig. Sondern im Gegenteil! Sie waren liebevoll und herzlich. Jetzt erst konnte ich verstehen: Es waren nicht meine Bekannten, die sich unschicklich benahmen. Es waren meine Eltern, die verklemmt und prüde waren.

In unserer Familie herrschte eine seltsame Art von emotionaler Zurückhaltung. Meine Mutter schien sich unter Aufopferung ihrer ganzen Persönlichkeit sowohl den Bedürfnissen ihres Mannes als auch den Ansprüchen der „Versammlung" unterzuordnen, was dazu führte, dass sie ihre intellektuellen und menschlichen Talente nicht entwickeln konnte. Und zu meinen Geschwistern, vor allem zu meinem Bruder, hatte ich keine Beziehung. Sonderbar, – jeder Freund stand mir näher.

Hermann Burger

Hermann und ich begegneten uns das erste Mal anlässlich der Begrüßung durch den Rektor in der Aula des Gymnasiums. Wir saßen schon am ersten Tag zusammen.

Eines Abends, es musste während des ersten Schuljahres gewesen sein, erhielt ich seinen Anruf. Hermann wollte mit mir ins Kino gehen: „Die Schachnovelle" von Stefan Zweig. Nach der Vorstellung kam es zum ersten Streit. Für Hermann gab es nur eine Sinnerfüllung: Künstler zu werden! Er sagte und blieb dieser Ansicht treu, dass das Künstlerdasein wertvoller sei als jede andere Tätigkeit, wichtiger als jede bürgerliche Durchschnittlichkeit. Seine Einstellung führte zu weiteren Auseinandersetzungen. Der Widerspruch konnte nie aufgelöst werden. Hermann wollte Künstler werden, – und ich, ich wollte kein Künstler werden, sondern Psychologe oder Philosoph.

Hermann war hochbegabt. Er malte Bilder, schrieb und musizierte hervorragend. In allen Künsten brachte er es zu überragender Meisterschaft. Schon während der Schulzeit organisierte er für sich und seine nur „mittelmäßig" begabten Schulkameraden literarische „Schreibübungen". Er wollte Schriftsteller werden …

Es zeigte sich bald, dass Hermann Burger sprachbesessen war. Stundenlang knobelte er an irgendwelchen Begriffen und Wörtern herum und versuchte durch Umstellungen oder Neuschöpfungen das Maximum an Aussagekraft zu erreichen. Diese Versuche waren der Anfang einer brillanten literarischen Ausdrucksfähigkeit, die später nicht zuletzt vom gestrengen Literaturkritiker Marcel Reich-Ranicki, als sogenannte „Wortakrobatik", „Wortgewalt" oder als „Wortjongleurismus" bezeichnet wurde.

Einmal lud mich Hermann zu seiner Familie in Menziken ein. Ihr Haus lag in einer breit angelegten Gartenanlage im oberen Teil des Dorfes, mit Blick hinauf nach dem höher gelegenen Dorfteil „Burg". Von hier aus machten wir Ausflüge auf den Lindenberg, zum Restau-

rant „Waldegg", das von Verwandten von Hermann betrieben wurde, und nicht zuletzt zum Literaturkritiker Otto Basler.

Der Garten der Familie Burger war differenziert angelegt, mit zahlreichen Blumen bepflanzt, mit Pfingstrosen, Rittersporn, Gladiolen, Rosen, vermutlich auch Phlox und Azaleen. Im unteren Teil des Gartens weideten „Heidschnucken", die den Rasen „bewirtschafteten".

Die Familie war liebenswürdig. Die Mutter strahlte etwas Großbürgerliches aus, was nicht erstaunen mag, da sie mit der Familie Merian aus Basel verwandt war, während mich der Vater eher an einen frohgemuten Junggesellen erinnerte. Er hatte etwas Verspieltes und Jungenhaftes an sich, lachte plötzlich hell auf oder gab zotige Späße von sich.

Bei Gelegenheit sprach mich Hermanns Mutter auf ihren Sohn an. Sie mache sich Sorgen. Es schien, dass sie etwas spürte, das mir nicht zugänglich war. Sie deutete an, dass Hermann ein schwieriges Kind sei. Sie bat mich, auf ihn aufzupassen. Ich war erstaunt, erstens über die Sorgen, die sie sich machte, und zweitens über das Vertrauen, das sie mir entgegenbrachte. Ihre Sorge konnte ich nicht nachvollziehen, denn ich erlebte Hermann als einen ganz normalen und engagierten Schulkameraden.

„Moralische Aufrüstung"

Hermann war das älteste Kind der Familie, wessen er sich stets bewusst blieb. Zwischen Hermann und seinem Bruder herrschte eine beklemmende Art des Rivalisierens. Ich hatte stets das Gefühl, dass sein Bruder unter der Dominanz seines großen Bruders leiden würde. Er wirkte verschlossen und war auch mir gegenüber eher zurückhaltend. Käthi war das Jüngste Kind der Familie. Sie war herzlich und liebenswürdig. Wenn wir uns begegneten, strahlte sie über das ganze Gesicht.

Die Familie Burger hatte eine ähnliche Neigung zu übersinnlichen Erfahrungen wie meine eigene Familie. Während meine einem urchristlich-fanatischen Gottesglauben anhing, waren Herr und Frau Burger Anhänger der „Moralischen Aufrüstung“. Caux und seine Umgebung waren ihre geistige Heimat. Öfters empfingen sie Besuche und schienen mit Frank Buchmann und anderen führenden Vertretern der „Moralischen Aufrüstung“ gut bekannt zu sein.

Ronco

Im letzten Gymnasialjahr lud mich Hermann zu gemeinsamen Ferientagen im Haus der Familie Pfendsack in Ronco hoch über dem Lago Maggiore ein. Ganz oben stand zwischen Kastanienbäumen versteckt ein kleines Häuschen, von dem es nur noch ein kurzer Sprung in die Grotti unterhalb von Ronco, in das Städtchen Ascona oder gar in den weiter ab liegenden Sottoceneri war. In diesen Tagen führten wir viele Gespräche und erkundeten die Tessiner Landschaft, die für Hermann einmal wichtig sein würde: Ascona, Montagnola, Lugano und schließlich Carona.

Hermann bildete sich auf seine Fußballkünste viel ein. Er liebte den Fußball, obwohl er den Turnunterricht wegen des immer wieder geforderten Geräteturnens verabscheute. Hermann war ein Wort-, Mal- und Musikkünstler, später auch ein Magier beziehungsweise Zauberer, aber kein Fußballzauberer. Er spielte zwar mit leichter Eleganz. Er hatte eine feine Art den Ball zu treten. Zwischen Schusskreis und Seitenlinien wirkt er aber im Hinblick auf den dynamischen Ablauf des Spielgeschehens eher unbeholfen.

Die erste Kunstlektion

Hermann wollte Maler werden, oder möglicherweise auch Schriftsteller, – auf jeden Fall Künstler. Im ersten Schuljahr hielt er im Zeichnungsunterricht einen Vortrag über Paul Klee. Ein gelblich-bräunlicher Hintergrund, dunkle, rosa, blau oder grün gerahmte schwarze Runen über das ganze Bild verteilt. Und das sollte Kunst sein?

Ich staunte! Das Bild ist ein fantastisches Bild! Hermann verpasste mir so eine erste Lektion in „Kunstbetrachtung"! – Und veränderte mein Kunstverständnis.

Er war aber enttäuscht, weil seine Fähigkeiten vom Zeichnungslehrer nicht erkannt wurden. Die Note „sechs" ließ auf sich warten.

Die zweite Kunstlektion

Eines Tages setzte der Zeichnungslehrer einen militärisch-schweizerisch-römischen Kriegshelm auf den Tisch und sagte: „Zeichnen Sie!" Mein Ergebnis ließ aufhorchen:

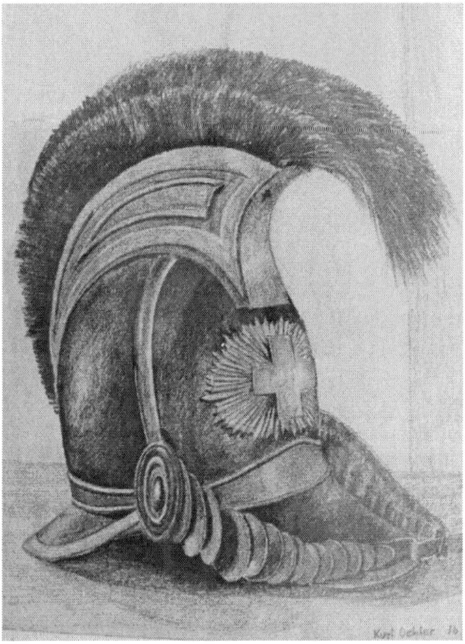

Ab diesem Morgen hatte ich stets eine „Sechs" im Zeugnis. Hermann aber meinte, das ist „gutes Zeichnen", aber noch lange nicht „Kunst". Das traf mich mitten ins Herz und war die zweite eindrückliche Kunstlektion, die er mir erteilte.

Hermann fühlte sich vom Zeichnungslehrer nicht gewürdigt.

Ich meine, dass unter anderem gerade diese für ihn enttäuschende Erfahrung dazu führte, dass er sich dem Schreiben zuwandte.

Studentenpolitik

An der Technischen Universität München ließ ich mich, ähnlich wie in Aachen, ins Studentenparlament wählen. Dabei konnte ich mit eigenen Augen beobachten, wie systematisch Wahlfälschung betrieben wurde. Vertreter der Fachschaften schoben zugunsten ihrer Kandidaten ganze Bündel gefälschter Wahlzettel in die Urnen. War das ein Ausdruck eines noch unreifen Demokratieverständnisses oder ein Zeichen der alltäglichen menschlichen Korruption?

Ich dachte, Korruption ist sowohl eine Frage des Charakters als auch des kulturellen Hintergrundes. Deren Bekämpfung muss in der Kindheit beginnen. Fairness, Seriosität und Ehrlichkeit sind die Basis des menschlichen Verhaltens. Menschen, bei denen das Feilschen, Bestechen, Schmieren und das „über die Ohren hauen" alltäglich sind, werden es schwer haben, die Korruption auszumerzen.

Nach wenigen Wochen avancierte ich zum Vorsitzenden des Studentenparlaments. Das war wichtig und vermutlich eine gelungene Kompensation meiner Unzufriedenheit. Als Studentenratsvorsitzender, als studentisches Mitglied des akademischen Senates, als Vorsitzender des Rechtsausschusses und als Delegierter der Technischen Universität bei der Tagung des Verbandes Deutscher Studentenschaften (VDS) in Köln beziehungsweise in Hamburg agierte ich bei den Studentenunruhen mit an vorderster Front. In München leitete ich im „Auditorium Maximum" vor über zweitausend Studenten eine studentische Vollversammlung, an der ein Vorlesungsstreik erwogen und beinahe beschlossen wurde. Den Gipfel meiner studentenpolitischen Karriere erklomm ich in Hamburg, als ich zum Verhandlungsleiter der Mitgliederversammlung des Verbandes Deutscher Studentenschaften gewählt wurde. Für mindestens zwei Stunden war ich der ranghöchste Repräsentant der Deutschen Studentenschaft und war maßgeblich daran beteiligt, dass die Tagung überhaupt stattfinden konnte.

Es war nämlich so, dass die Verstärkeranlage beziehungsweise die ganze Elektronik zufällig unter der Obhut meines damaligen Jugendfreundes Johannes Grüter stand, der eben zu jener Zeit in Hamburg Physik und Mathematik studierte. Auf seine Veranlassung hin blieb die Verstärkeranlage in Betrieb, obwohl der Sozialistische Deutsche Studentenbund (SDS) entsprechend ihrer ideologischen Haltung versuchte, die Tagung zu torpedieren.

Hermann Hesse

Hermann Burger brach nach vier Semestern das Architekturstudium ab und wechselte zur Germanistik. Seine Bestimmung setzte sich durch.

Im Laufe der Jahre entwickelte er sich zu einem der bedeutendsten deutschsprachigen Schriftsteller, der mehrere internationale Preise, unter anderem den angesehenen Ingeborg-Bachmann-Preis von Salzburg, gewann.

Die Schulreise im letzten Schuljahr führte uns nach St. Moritz, über den Malojapass zu Rilkes Grab, dann tief hinunter in das bündnerische Bergell und anschließend hoch hinauf durch die lichten Kastanienwälder bis zum malerischen Dörfchen Soglio.

Von dort aus ging es am nächsten Morgen mit dem Postauto dem Comersee entlang bis nach Lugano. Bis zur Rückreise mit dem Zug blieben noch einige Stunden. Es reichte gerade noch für einen kurzen Trip nach Montagnola, wo die „Casa Camuzzi" steht, in der Hermann Burger einmal wohnen sollte, und wo Hermann Hesse residierte. Wir konnten den Schriftsteller zwar nicht treffen. Am Gartentor hing ein Schild mit einem unmissverständlich formulierter Satz, der die Ungestörtheit des betagten Schriftstellers garantieren sollte. In späteren Jahren würde sich Hermann Burger nicht mehr derart abwimmeln lassen.

Chapeau Johannes

Johannes Grüter war während der gemeinsamen Jugendzeit in der Schweiz ein zurückgezogener und verschlossener Junge gewesen, immer auf Ausgleich und Harmonie bedacht. Er lebte in einer für ihn eigenen abgekapselten Welt und blieb sowohl schulisch als auch beruflich ohne Erfolg. Er wurde, so erzählte er in Hamburg, zwischen den drei „Instanzen", seiner fanatisch religiösen Großmutter Elsa Philips, dem Yoga praktizierenden und stark rauchenden Künstlervater Traugott Grüter und der vom Schriftsteller Hans Henny Jahnn stark geprägten Mutter Monna Grüter buchstäblich zerrissen. Immer wenn er sich für eine der drei Positionen entscheiden wollte, hatte er die anderen beiden gegen sich. So sei es ihm nie möglich gewesen, eine wichtige und identitätsstiftende Entscheidung zu treffen.

Wegen dieser mangelnden familiären Unterstützung beziehungsweise inadäquaten schulischen Förderung fiel Johannes in allen Prüfungen zu weiterführenden Schulen durch und versauerte in einer für ihn völlig unbefriedigenden Berufslehre als Bilderrahmenmacher. Aus dieser tristen Berufsperspektive heraus wurde er, als seine Familie überstürzt nach Deutschland umzog, angeblich unter aktiver Mitbeteiligung seines Förderers Hans Henny Jahnn, buchstäblich befreit.

Für Johannes änderte sich damit vieles. Er sagte, es sei ihm in seinem Innersten immer klar gewesen, dass er nicht Rahmenmacher bleiben wolle. Er wollte Physik studieren, um seinen Worten entsprechend „den widerlichen Glaubenssätzen seiner rigiden Großmutter etwas Entscheidendes entgegen setzen zu können".

Johannes besuchte in der Folge eine Privatschule, die ihn über die „Mittlere Reife“ bis zum Abitur führte. Danach studierte er an der Universität Hamburg Mathematik und Physik und schloss sein Studium mit dem Doktorexamen ab. Chapeau Johannes!

Johannes konnte sich in der Folge nie für eine feste Anstellung entscheiden, was angesichts der Beherrschtheit durch das desaströse Triumvirat „Vater-Mutter-Großmutter“ nicht erstaunen mag. Irgendwie blieb er unentschlossen und orientierungslos.

Die Kinder von Humlikon

Eines Morgens, ich war gerade vom Industriepraktikum zurückgekehrt, schossen mehrere Krankenwagen und Polizeifahrzeuge in großer Eile und mit heulenden Sirenen an unserem Haus vorbei. Die Mutter war aufgeregt und der Prediger, der gerade bei uns weilte, blickte nachdenklich vor sich hin. Nach zwei Stunden kehrten die Wagen zurück, – ohne Sirenen und ohne Hast. Vermutlich waren sie leer. – Eine schreckliche Ahnung lag in der Luft. Was war passiert?

Während des Mittagessens wurde weiter gerätselt: Ein schwerer Verkehrsunfall, eine Kollision mit dem Bähnchen, – aber, warum so viele Fahrzeuge, die leer zurückkamen? Vielleicht ein Flugzeugabsturz …?

Der Prediger äußerte die Befürchtung, dass letzteres geschehen sein könnte. Die halbe Einwohnerschaft seiner Nachbargemeinde, ein kleines Dorf im Zürcher Oberland, der ganze Gemeinderat und die gesamte Schulpflege hatten sich auf einem Linienflug von Zürich nach Genf befunden.

Am Mittag hörte ich die Nachrichten. Tatsächlich, eine Swissair-Maschine war über dem Aargau abgestürzt. Vierzig Kinder des Dorfes Humlikon verloren ihre Familien. Der Prediger, der die meisten Verunglückten kannte, war schockiert. Er sagte: „Ich muss nach Hause fahren!“ Am gleichen Abend kehrte er in sein Dorf zurück …

Am Nachmittag besuchte ich die Unglücksstelle. Vom Flugzeug war nichts zu mehr sehen. Die Nase hatte sich acht Meter tief in den Boden gebohrt. Überall standen Fähnchen, die auf Überreste hindeuteten, und in den Bäumen hingen Fetzen und Leichenteile. Ich war schockiert. Es war unfassbar – einfach unfassbar …

Das „Witthüs"

Ich fand Johannes Grüter einige Jahre später in einem verwahrlosten Künstleratelier des heruntergekommenen Quartiers „City Nord" wieder, das in den frühen Sechzigerjahren als avantgardistische Bürogroßstadt überdimensional geplant und hochgezogen wurde, dessen Konzept aber in jeder Hinsicht gescheitert war. Der größte Teil der Überbauung blieb sozial und wirtschaftlich tot. Die großzügig angelegten Geschäfte blieben leer, die Schaufenster blind und der fantasielos konzipierte Sozialbereich innerlich und äußerlich verkommen. Kalte Winde fegten durch die Gänge, Türen klemmten und Lifte streikten, – und als wenige der überlebenden Kreaturen strichen hungernde Katzen und streunende Hunde um die zugigen Ecken.

Ich holte Johannes und seine Freundin Eva im „City Nord" ab, auf der Suche nach dem sagenumwobenen „Witthüs" an der Elbchaussee, das plattdeutsch ist und „Weißes Haus" bedeutet, dem letzten Wohn- und Sterbehaus des Schriftstellers Hans Henny Jahnn.

Dieses Haus, eine ehemalige 200-jährige Bauernkate, diente sowohl dem Schriftsteller persönlich als auch seinen letzten Weggefährten beziehungsweise -gefährtinnen als letztes Refugium. Jetzt war das Haus, das idyllisch in einer weitläufigen Parkanlage, dem so genannten „Hirschpark", liegt, ein Ausflugscafé und Speiserestaurant. Die besonderen Gäste, Johannes Grüter, seine Freundin Eva und ich, setzten sich in den großen Raum, der früher Hans

Henny Jahnns gute Stube war und in der zur damaligen Zeit sein großer Flügel stand, – und verbrachten zusammen bei gutem Essen und feinem Wein einen gediegenen Abend …

Die Nachbarn

Von der Warte meiner Familie aus gesehen war die direkte Nachbarschaft, die nähere Umgebung, irgendwie nicht existent. Rechts vom Grundstück lag eine elektrotechnische Apparatefabrik, in der morgens und abends Heerscharen gesichtsloser Arbeiter und Angestellter ein- und ausgingen. Hinter der Werkstatt meines Vaters brach hinter dem angerosteten Eisengeflecht, das die Grenze zum Nachbargrundstück markierte, die vertraute Wirklichkeit abrupt ab. Dort standen zwar Häuser, in denen Menschen lebten, die für unsere Familie aber keine Bedeutung hatten. Diese Grundstücke stellten, wenn nicht Feindesland, so doch Zonen menschlicher Gemeinwesen dar, mit denen unsere Familie keine Kontakte pflegte. Nur die halbverwilderten Katzen erlaubten sich hin und wieder den von niemandem gebilligten Übertritt in unser Revier, bis sie mittels eines gezielten Steinwurfs meines Vaters in ihr angestammtes Reich zurückgetrieben wurden. Und links, auf der gegenüberliegenden Seite des staubigen Durchgangsweges, der als Zubringer zum hinteren Industriegelände diente, und auf dem morgens, mittags und abends Fußgänger, Fahr- beziehungsweise Motorräder und hin und wieder auch Personenwagen, zur Arbeit und wieder zurück fuhren, lag die halb zerfallene Villa des verstorbenen Notars Meyer. Die Mieter, die dieses Haus bewohnten, gehörten nicht zu unserem Kreis. Deren Kinder äugten zwar hin und wieder zwischen den weit ausladenden Platanen hindurch auf das für sie etwas mysteriös anmutende Treiben im nachbarschaftlichen Domizil. Mehr an Kommunikation war aber auch von dieser Seite nicht zu erwarten. Und auf der Vorderseite des Grundstückes lag besagte Hauptverkehrsstraße mit dem blau-weißen Bähnchen. Es gab weder

Nachbarsleute, mit denen man Kontakte pflegen konnte beziehungsweise wollte, noch Freundeskreise, die außerhalb der „Versammlung" standen oder sonst wie wichtig gewesen wären. Meine Familie lebte auf einer selbst geschaffenen „Überlebensinsel", die – von ihrer Warte aus gesehen – von Meeren irrrealer Umwelten umflutet war.

Afghanistan

Während meines Studiums in München machte ich mehrere Auslandsreisen. Eine führte mich im Sommer 1977 zusammen mit einem Freund nach Afghanistan. Wir lösten beim Studenten-Reisebüro zwei Flüge nach Kabul, -selbstverständlich hin und zurück! Der Rückflug wurde aber nicht bestätigt. Also flogen wir ohne Rückflugbestätigung nach Afghanistan.

Die Reise geriet zu einem fantastischen Abenteuer. Zusammen mit zwei Afghanen, die wir beim Buchen kennen gelernt hatten, reisten wir durch das ganze Land.

Der erste Ausflug führte uns entlang der Seidenstraße nach Mazar-i-Sharif. Dort suchten wir nach der versunkenen und im dreizehnten Jahrhundert von mongolischen Horden zerstörten Stadt „Baktra", in der Zarathustra einstmals gelebt beziehungsweise geschrieben und Alexander der Große Quartier bezogen hatte. Das Dörfchen Balkh, das den Namen der antiken Stätte trägt, wirkte leer und ausgestorben. Nirgendwo waren Ruinen oder antike Mauern zu entdecken. Nur am Nordrand des Dorfes ragten steile Lehmwände in den Himmel empor. Ich stieg auf einen der Wälle und war überrascht. Ich war außer mir:

Vor mir erstreckte sich wie eine riesige Mondlandschaft ein unendlich weites Ruinengelände, mehrere Quadratkilometer groß. Ganz in der Ferne ragten die Zinnen des anderen Endes des Mauerrings empor. Unter diesem Schutt musste die alte Stadt „Baktra" begraben liegen, einer der gewaltigsten und ältesten Städte der Antike – unausgegraben – unentdeckt – und fast vergessen!

Die mongolischen Reiterscharen mordeten rücksichtslos. Die Einwohner wurden niedergemetzelt und die Stadtanlagen zerstört. Das Gelände ist kein gewöhnliches Ruinengelände. Es ist eine „Gedenkstätte". Unter den Steinen liegen neben den Gebäuderesten und Hauseinrichtungen die Gebeine von Tausenden von Kindern, die ihre Zukunft nicht erleben durften, von Frauen, die keine Kinder gebären konnten, von Männern, die nicht als glückliche Familienväter, sondern als stumme Helden sterben mussten, von alten Frauen und Männern, denen es nicht vergönnt geblieben war, ein friedliches Ende zu finden.

Es war ein bewegendes Erlebnis, auf diesen Mauern zu stehen. Die Erde schien zu beben, die Luft zu flimmern. Ich war gerührt, als ob ich das Schicksal der Erschlagenen ein letztes Mal fühlen müsste. Als ob sie ein letztes Mal um Hilfe rufen und um Vergeltung flehen würden.

Die Buddhafiguren von Bamijan

Die zweite Reise führte uns nach Bamijan, dem Ort, wo die großen und heute von den Taliban völlig zerstörten Buddhaskulpturen standen. Damals standen sie noch! Der Vandalenakt der fundamentalistischen Islamisten liefert uns ein weiteres erschütterndes Beispiel für die widersinnige Ignoranz des religiösen Dogmatismus, – im Osten wie im Westen!

Und ich dachte: „Das ist ein Wahnsinn!"

Schließlich erreichten wir auf mehr als 3000 Metern Höhe das Naturdenkmal Band-i-Amir. In einem von rosa leuchtenden Felsen umgebenen Hochtal lagen hintereinander gereiht drei lapislazuliblaue von natürlichen Kalksteindämmen aufgestaute Bergseen.

Afghanistan ist ein armes Land. In den letzten Jahren kamen aber Hoffnungen auf. Die Frauen waren dabei, ihre Schleier abzulegen. Sie trugen ihre Haare offen zur Schau und begannen sich an den Reizen, die sie auf Männer ausübten, zu erfreuen. Die Schulbildung und das Gesundheitswesen wurden laufend verbessert. Mädchen und Jungen besuchten gemeinsam den Schulunterricht.

Damals war bereits die Angst vor den Russen zu spüren. Das Öl unter dem Wüstensand Afghanistans schien zu verlockend, – so sagte man damals … Tatsächlich brachen zwei Jahre später die sowjetischen Panzer in Afghanistan ein: Das war das Ende der afghanischen Erfolgsgeschichte!

Das Buddhaköpfchen

Was ist aus den Kulturgütern Afghanistans geworden? Am Südrand von Kabul stand einst der grandiose Präsidentenpalast. Jetzt ist er eine Kriegsruine. Im Untergeschoss befand sich das kulturhistorisches Museum mit kostbaren Preziosen aus Gold und Silber, mit Schnitzereien aus Elfenbein, zum Beispiel ein geflügelter Pferdekörper mit Löwenpranken und Vogelkopf. Daneben gab es bemalte Terrakottafiguren und Buddha Statuen. Ob sie den Krieg und den Frevel der sowjetischen „Vandalen" unbeschadet überlebt haben?

Am fünften Tag unserer Afghanistanreise fuhren wir mit dem Autobus in Richtung Khyber-Pass nach Djalalabad, um im Süden der Stadt eine buddhistischen Stupa zu bewundern. Mit einem Taxi ließen wir uns durch die Sandwüste fahren, bis der Wagen plötzlich vor einer eisernen Abschrankung stoppte. Hinter dieser stand die Stupa. Diese wurde von einem Detachement Soldaten mit umgehängter Kalaschnikow bewacht. Zu bewachen gab es ein kleines feinmoduliertes Buddhaköpfchen. Die anderen drei waren schon abgeschlagen und vermutlich gestohlen worden. Es beeindruckte mich sehr, zu erleben, mit welcher fürsorglichen beziehungsweise entschlossenen Hingabe diese Kulturschätze verteidigt wurden.

Soglio

Mit dem Zug fuhren Hermann und ich nach St. Moritz und mit dem Postauto nach Soglio. Hermann hatte im Palazzo von Salis die „Belle-Etage" gemietet.

Wir hatten eine spezielle Beziehung zur Familie von Salis. Erstens waren wir auf unserer Schulreise schon früher in Soglio vorbeigekommen, und zweitens fühlten wir uns über unseren Verbindungskameraden „Phidias" mit dem Geschlecht der „von Salis" verbunden. „Phidias" ist der Verbindungsname von Thomas von Salis, des Sohnes von Jean Rodolph von Salis, des berühmten Historikers und Besitzers der Aargauer Festung „Brunegg". Thomas von Salis war wie Kaspar Villiger Mitglied der Verbindung „Argovia" gewesen. Zudem verbrachte Hermann Burger die letzten Lebensjahren als Mieter im Pächterhaus des Schlosses „Brunegg".

In Soglio angekommen zog Hermann seine neueste „Entdeckung" aus der Tasche. Das Erstlingswerk eines jungen deutschen Schriftstellers: „Die Blechtrommel" von Günter Grass! Wir lasen und diskutierten das Buch.

Am Vormittag saßen wir im idyllischen Garten des Hotels und lasen in unseren Büchern. Hermann begeisterte sich sowohl für die Texte als auch für die entzückend braungebrannten Beine von Frau S. Während sich die Autoren wegen ihrer selbstverständlichen Abwesenheit konsequent verweigerten, ergab sich die Kontaktaufnahme mit der schönen Frau wie von selbst. Die junge Gattin eines Aargauischen Transportunternehmers ließ sich die etwas hilflos anmutende Aufwartung des jungen Schriftstellers gerne gefallen. Hermann sollte mit der Familie über viele Jahre befreundet bleiben.

Nur mit „Beziehungen“

Wir hatten in München keine Rückflugbestätigung erhalten. Am Flughafen in Kabul wurde uns mitgeteilt, dass alle Flüge nach Deutschland bis in den Spätherbst hinein ausgebucht seien. Das musste der Grund für die Verweigerung gewesen sein. Nun saßen wir in der Patsche. Als Schreckensvision bot sich eine dreitägige Nonstop-Busreise über Persien, Türkei, Griechenland, Jugoslawien, Österreich bis nach München an.

Glücklicherweise standen hochgestellten Regierungsmitgliedern und Militärangehörigen in allen Flugzeugen der afghanischen Fluggesellschaft „Ariana“ freie Kontingente zur Verfügung. Tatsächlich gelang es, mit Hilfe von „Beziehungen“ zu den beiden afghanischen Reisebegleitern zwei Flüge nach München zu „organisieren“. Am folgenden Tag wurden wir in der Flughafenhalle aus der Warteschlange herausgeholt und ohne weitere Formalitäten durch den Zoll geführt.

Freundschaft bis zum Tod

Als Hermann nach Abschluss des Gymnasiums an einem kalten Winterabend stundenlang in Schaffhausen, wo ich mein Industriepraktikum absolvierte, auf mich wartete, wurde aus der anfangs unverbindlichen Schülerfreundschaft eine tiefe Lebensfreundschaft. Von da ab war klar, dass diese Beziehung eine Beziehung fürs Leben, oder besser gesagt, eine Freundschaft bis zum Tod sein würde …

Eines Abends zeigte mir Hermann seine ersten Gedichte und wollte wissen, ob sie gut seien. Ich las die Texte, fühlte mich aber nicht kompetent genug, das Geschriebene zu beurteilen. Also rief ich, obwohl es schon Mitternacht war, den ausgewiesenen Literaturkritiker Anton Krättli an. Dieser, gerade dem Bett entstiegen, zeigte sich von

Hermanns Gedichten angetan. Er meinte, dass sie gut seien, dass sie aber einer gründlichen Überarbeitung bedürften. Dabei wies er auf einige Stellen hin, die unbedingt verbessert werden müssten. Hermann fühlte sich verstanden. Er spürte, dass er richtig beurteilt worden war.

In dieser Zeit waren es immer öfter schöne Frauen, die Hermanns Leben beflügelten. Es waren stets langhaarige, langbeinige Blondinen, die er zeichnerisch und literarisch arrangierte. Schließlich wurden im kirchennahen „Sevilla“ im Rahmen nächtelanger Diskussionen die Voraussetzungen für die ersten „Erfahrungen“ geschaffen. Es wurde mit zwingender Dringlichkeit unausweichlich, dass es endlich geschehen müsste.

Auf Hesses Spuren

Im Sommer 1967 fuhren wir auf den Spuren von Hermann Hesse, Goethe und Schiller über Calw, Maulbronn, Tübingen, Weimar bis nach Berlin. In Maulbronn besuchten wir das Kloster. Ein Priester, der mit den Schülern Fußball spielte, erklärte sich bereit, uns durch das Kloster zu führen. Im Studiensaal stand noch das hölzerne Tischchen, an dem Hermann Hesse gearbeitet hatte. An der Wand hing ein kleines Bildchen. Der Schüler, der diesen Platz belegt, habe sich über seinen berühmten Vorgänger etwas kundig getan und das Bildchen aufgehängt. Ansonsten schien Hermann Hesse eher vergessen zu sein, was nicht erstaunen mag. Denn dieser hatte sich in seinen Schriften über den Aufenthalt im Kloster Maulbronn eher negativ geäußert.

In Tübingen besuchten wir die Buchhandlung, in der Hesse seine Lehre absolvierte und wanderten dem Neckar entlang, wo Hölderlins Schwäne ihre Köpfe ins Wasser streckten.

Die Weiterfahrt führte uns über Nürnberg, Eisenach in die Goethestadt Weimar, die grau und heruntergekommen war. Ganz anders als heute. Wir besuchten das Goethe-Haus am Frauenplan und das Wohn- und Sterbehaus von Friedrich Schiller. Wir wanderten durch die Parkanlage zum idyllischen Gartenhaus.

Ab den Toren von Weimar führt eine schmale Asphaltstraße durch einen lichten Laubwald zum Konzentrationslager „Buchenwald“ hinauf. Der Schock saß tief.

Wilhelm Tell in Ostberlin

In Berlin ging der erste Schritt zur Kartenvorverkaufsstelle. Für Hermann war klar, dass wir jeden Abend ins Theater gehen würden. Wir waren mehrere Male in Westberlin und zweimal im Osten, wo wir eine Aufführung des „Arturo Ui“ von Bertolt Brecht und eine legendäre Inszenierung von Friedrich Schillers „Wilhelm Tell“ besuchten. – Ein großartiges Erlebnis! Als die Schauspieler in den Raum hauchten:

> „Wir wollen sein ein einzig Volk von Brüdern,
> in keiner Not uns trennen und Gefahr.
> Wir wollen frei sein, wie die Väter waren,
> eher den Tod, als in der Knechtschaft leben“,

drohte der Saal zu explodieren. Der Atem stockte. Ein Stöhnen ging durch die Reihen. Am folgenden Morgen wurde das Stück abgesetzt, – zu viel Freiheitsdrang für die „DDR“! Was von den Machthabern als Darstellung des revolutionären Volkswillens gedacht war, geriet zum Aufbegehren gegen den eigenen Staat. – Ich begriff:

„Das ist lebendiges Theater! Es muss provozieren und aufwühlen, wenn es glaubhaft sein – und gleichzeitig – die Kassen füllen will!“

Auf der Fahrt durch den „Checkpoint Charlie“ wurden wir von der „Stasi“ angehalten und verhört. Im meinem Wagen lagen zwei „staatsgefährdende“ Bücher: „Zwei Ansichten“ von Uwe Johnson und das Vorlesungsverzeichnis der „Freien Universität Berlin". Ich wurde mittels Passeintrags dazu verpflichtet, das Buch von Uwe Johnson wieder auszuführen. Das Vorlesungsverzeichnis wurde konfisziert und eingestampft.

Eigentlich wollte Hermann mit mir nach Aachen fahren. Dazu sollte es nicht mehr kommen. Für den hypersensiblen Literaten ein Zuviel an röhrenden Hochöfen und kaltem Stahl! Hermann wurde krank und flog in die Schweiz zurück.

Die Freunde aus München

In München lernte ich eine kleine Gruppe von Freunden kennen, in die auch Hermann gut integriert war. Zu diesem Kreis gehörten neben Jochen S., Medienschaffender aus Burgkirchen, Hans S., Wissenschaftlicher Direktor an der TU München, Heide B., Diplom-Psychologin und der Fachlehrer Heinz B., Mechanikermeister an der TU.

Hermann besuchte mich mehrmals in München. Wir feierten zusammen viele Feste. Im Jahr 1979 machte die Gruppe einen Gegenbesuch in der Schweiz. Wir gingen zu Hermann auf den Kirchberg und waren zum Nachtessen bei meiner Mutter eingeladen. Wir saßen im Zimmer, in dem ich vor 42 Jahren geboren worden war, um einen langen Tisch herum und redeten einfach drauf los, wie wir es in München oft zu tun pflegten. Meine Mutter fand großen Gefallen an dieser „Gesellschaft" und wunderte sich über die lebendigen Diskussionen. Sie meinte, dass sie mich noch nie so engagiert erlebt hätte.

Der Exot auf der Geburtstagsfeier

Hermann war am 20. September 1985 auch zur 75. Geburtstagsfeier meiner Mutter auf Schloss Lenzburg und zum Festessen im Schloss Brestenberg eingeladen, genauer gesagt, Hermann lud sich selber ein. Eigentlich gehörte er, obwohl er eher wie ein „verschrobener Exot“ erlebt wurde, zu unserer Familie. Obwohl meine Mutter von der zunehmenden internationalen Anerkennung und der steigenden Berühmtheit nur wenig mitbekam, schätzte sie Hermann sehr.

„Die großen Denker“

Im Freundeskreis schien man den intellektuellen Notstand in unserer Familie gespürt zu haben. Die Freunde meines Bruders begannen bewusst oder unbewusst die erzieherischen Machenschaften unserer Eltern zu unterlaufen. Mein Bruder erhielt zu seinem Geburtstag „Die großen Denker“ von Will Durant geschenkt. Eine Provokation!

Platon, Sokrates, Aristoteles, Kant, Schopenhauer usw. waren „meiner Eltern größte Feinde wider den biblischen Geist“.

Es erstaunt deshalb wenig, dass in der elterlichen Bibliothek neben der Gesamtausgabe von „Brehms Tierleben“, neben Fridtjof Nansens „In Nacht und Eis“, neben einem Familienroman, dessen Stammbaum bis ins siebzehnte Jahrhundert zurückreichte, und neben einem „Larousse“ Deutsch-Französisch und umgekehrt keine Werke klassischer beziehungsweise moderner Literatur zu finden waren. Dafür gab es unzählige Bibeln und Gesangsbücher …

Die familiäre Kulturverweigerung galt auch den Medien. Es gab in unserer Wohnung weder ein Radio, noch, einige Jahre später, einen Fernseher. Der Vater glaubte an das „Wort Gottes“, wie es unverrückbar und unwiderruflich in der Bibel stand. Er war überzeugt, dass jeder Satz für wahr gehalten werden muss, – als Maßstab aller Dinge.

Er war sogar bereit, um jedes Wort zu kämpfen, auch auf die Gefahr hin, – dass sich die Sonne um die Erde drehe.

Ich wunderte mich. Wie konnte mein Vater, der in Karlsruhe studiert hatte und Diplom-Ingenieur geworden war, so verrückte Dinge glauben. Ich dachte:

„Wenn mein Vater an die Schöpfungsgeschichte glaubt, – ist er verrückt. Und, – wenn er nicht daran glaubt, – ist er trotzdem verrückt."

Das Buch „Die großen Denker" stand wie eine Kriegserklärung im Regal. Ich griff danach und begann darin zu lesen. Ich war schockiert. Vom ersten Tag an war ich fasziniert. Ich konnte nicht mehr aufhören. Eine neue, fantastische Welt tat sich mir auf! Da standen Dinge, die ich intuitiv als richtig erkannte, – die ich aus tiefem Herzen bejahte. Das Buch war zu einer Offenbarung geworden. Ich las die Kapitel, eines nach dem anderen. Dabei schlugen die Gedanken der antiken Philosophen wie eine Bombe ein. Ich musste fassungslos anerkennen, dass ich dem Denken von Sokrates, Platon beziehungsweise Aristoteles näher stand als dem Glauben meiner Eltern. Das bedeutete, dass ich die Gedanken des über „zweitausendjährigen" Sokrates als zeitgemäßer und lebensnäher empfand als den Glauben meiner Eltern. Ich begann die wichtigsten Sätze in ein „Schwarzes Buch" einzuschreiben.

Warum hieß dieses Buch „Schwarzes Buch"? Eigentlich hieß es wegen meiner Eltern „Schwarzes Buch". Für sie barg es „schwarze Magie" oder „Teufelszeug". Für mich aber hätte es eher „weißes Buch" heißen müssen: – „Weiß" für „hell" und „frei" …!

Hermann ist verrückt

Hermann übernachtete in München in meiner Einzimmerwohnung auf behelfsmäßig auf dem Boden liegenden Matratzen. Nach unseren Ausgängen in die Stadt oder nach den Treffen mit unserer Gruppe pflegten wir bis tief in die Nacht hinein zu diskutieren. Nicht selten stritten wir uns bis zum frühen Morgen. Besonders das eine Mal wollte ein abschließendes Übereinstimmen nicht mehr gelingen. Der Streit begann zu eskalieren. Hermann bestand auf seiner Meinung, vermutlich ging es um den Vietnamkrieg, während ich nicht weniger stur an meiner Überzeugung festhielt. Im Laufe der Auseinandersetzung erreichten wir einen Punkt, an dem Hermann etwas behauptete, was ich „absolut“ als falsch empfand. Plötzlich fuhr mir der Gedanke durch den Kopf: „Hermann ist verrückt! Es war das erste Mal, dass ich spürte, dass Hermann geistig und gefühlsmäßig aus der „Bahn“ zu laufen begann.

Der Dankesbrief an Hermann Hesse

Das zweite Leseerlebnis bereitete mir meine Schwester. Ihr Arbeitgeber hatte ihr zu Weihnachten die vollständige Ausgabe der „Gesammelten Schriften“ von Hermann Hesse geschenkt. Ich las die Bände innerhalb weniger Wochen vollständig durch – von der ersten bis zur letzten Zeile, zum Beispiel „Demian“, eine Welt, die mich tief berührte und endgültig aus den Kinderschuhen warf.

Warum war ich so tief berührt? Ich war siebzehn Jahre alt und stammte aus einem „gedankenarmen“ Elternhaus. Über philosophische und zwischenmenschliche Fragen wurde nie geredet, schon gar nicht in vorurteilsfreier beziehungsweise weltoffener Weise. Nun konnte ich innerhalb weniger Monate ein lebendiges und authentisches Bild eines äußerst differenzierten Lebenslaufs gewinnen.

Aus Dankbarkeit schrieb ich Hesse einen Brief, der in der Folge zu einem kurzen Briefwechsel führte.

Besuch bei Thomas Bernhard

Als Hermann an seinem Roman „Die künstliche Mutter“ arbeitete, besuchte er, um die Örtlichkeiten besser kennen zu lernen und das Atmosphärische des Gasteiger Heilstollens am eigenen Leib zu erfahren, den Kurort Bad Gastein. Er musste sich einsam gefühlt haben, weswegen er mich anrief. Ohne Zögern reiste ich nach Bad Gastein. Zusammen fuhren wir mit dem antiquierten Stollenbähnchen, auf dessen Wagen unzählige Liegebetten montiert waren, in den Heilstollen ein. Ein abgründiges Unterfangen! Auf den heilversprechenden Plätzen lagen in weiße Tücher eingewickelte kranke oder sonst wie hinfällige Menschen mit hoffnungsverklärten Blicken, als ob es noch Wunder geben würde.

Hermann wollte seinen Schriftstellerkollegen Thomas Bernhard besuchen. Dieser war, was allgemein bekannt war, ein äußerst eigenwilliger und eigensinniger Mensch. Er war nur schwer zu kontaktieren und führte auf seinem einsamen Vierkanthof in der Nähe von Salzburg ein karges Einsiedlerdasein. Auch telefonisch war er kaum zu erreichen. Also fuhr Hermann auf eigenen Faust ins Salzburgerland, wo er aber wie erwartet Thomas Bernhard nicht antreffen konnte. Nur ein Nachbarmädchen gab bereitwillig Auskunft:

„Er ist selten da! Wenn er einmal da ist, erkennt man das an seinem Auto. Dieses steht dann im Innenhof. Zudem sind die Läden geöffnet …"

Hermann fuhr enttäuscht nach Bad Gastein zurück, ließ sich aber vom Nachbarmädchen die Telefonnummer geben. In der Folge rief Hermann jeden Tag an, bis das Mädchen tatsächlich bestätigte, dass das Auto im Gutshof stehe.

Da ich in der Zwischenzeit angereist war, fuhren wir zusammen ins Salzburgerland. Hermann stellte sich unter das Fenster und rief „Hallo". Es rührte sich nichts. Mehrmaliges Anklopfen und Steinchen werfen blieben ohne Reaktion. Wir wollten gerade wieder abreisen, als sich doch etwas rührte. Die Läden wurden geöffnet, und Thomas Bernhard schaute aus dem Fenster. Er erkundigte sich nach unserem Begehren. Nach kurzem Wortwechsel lud er uns zu einem Kaffee ein.

Das Kaffee Kochen geriet entsprechend umständlich und verzögerte das erste Kennenlernen. Nach längerer Zeit bahnte sich eine intensive Unterhaltung an. Die Situation entspannte sich zusehends. Bernhard erzählte engagiert aus seinem Leben, von seinen halsbrecherischen Schlittenfahrten und seiner Not beim Schreiben. Es war ein Gespräch unter Freunden. Ich spürte, dass das Eis gebrochen war. Bernhard lud Hermann zu weiteren Besuchen ein, wozu es aber nicht mehr kommen sollte. Thomas Bernhard verstarb nach wenigen Monaten, angeblich wegen Herzversagen, vermutlich aber – durch eigene Hand …

Der Baum der Erkenntnis

Mein Glaube kollidierte schon früh mit meinem Bedürfnis zu verstehen, meinem inneren Bestreben, die Zusammenhänge zu erkennen und mir ein eigenes Bild zu machen. Das war der Anfang meiner „Sünde"!

Denn in der Bibel steht geschrieben:

„Und Gott sprach: Du sollst essen von allerlei Bäumen im Garten; aber von dem Baum der Erkenntnis des Guten und Bösen sollst Du nicht essen; denn welches Tages Du davon ißest, wirst Du des Todes sterben."

Hatte ich tatsächlich richtig gelesen? „ …Erkenntnis des Guten und Bösen"!

Ich las weiter:

„Da sprach die Schlange zum Weibe: Ihr werdet mitnichten des Todes sterben, sondern Gott weiß, dass, welches Tages ihr davon esset, so werden eure Augen aufgetan, und werdet sein wie Gott und wissen, was gut und böse ist."

Als ich diesen Text las, dachte ich: „Das ist ja unglaublich! Welche tiefe Einsicht! Da steht doch schwarz auf weiß geschrieben, dass es zwischen dem „Glauben" und dem „Wissen" unüberbrückbare Widersprüche gibt. Ich staunte ob der Weisheit des Reptils.

Es war gesagt! Entweder verzichtet man auf das Bemühen um das Verständnis der naturgesetzlichen Zusammenhänge und um das Aneignen von Wissen. Dann würde man „glauben können" oder besser „glauben müssen". Das war der Weg der Bibel. Oder man würde wissen wollen …

Damit war mein Dilemma gekennzeichnet, – denn für mich gab es nichts Wichtigeres – als das Wissen.

Der Austritt aus der Kirche

Damit war mein Tod prophezeit! Aber, für was steht eigentlich „Gott", der das Streben nach Wissen nicht akzeptieren will? Wissende Menschen sind vermutlich weniger bequem und weniger leicht zu lenken als ungebildete Menschen. Verlangt Gott etwa die widerstandslose Unterwerfung? Stand er möglicherweise im Dienste der herrschenden Cliquen der zahlreichen Königs- beziehungsweise Pharaonenreiche? Was könnte gegebenenfalls die Schlange symbolisieren? Steht sie möglicherweise für die kritische Gesinnung aufgeklärter Menschen, die nicht bereit sind, sich kritiklos zu unterwerfen?

Ich stelle mit Schrecken fest, dass ich dem Denken der „Schlange" näher stand als dem Willen „Gottes".

Ich dachte: „Ich habe Lust auf weitere Äpfel" – und trat aus der Kirche aus!

Vier Aufsätze

Ich war in der Schule nie glücklich gewesen. Ich hasste Hausaufgaben. Ich hatte immer das Gefühl, dass mich diese Plackerei von wichti-

geren Dingen abhalten würde, zum Beispiel vom Bücherlesen oder Fußballspielen.

Der Schritt in die Mittelschule war von größter Wichtigkeit. Ich wäre vermutlich sehr unglücklich gewesen, wenn ich die Aufnahmeprüfung ins Gymnasium nicht bestanden hätte.

Mit jedem Jahr wurde der Unterricht interessanter. Ein Jahr vor der Maturitätsprüfung musste ich als Schulaufsatz eine Geschichte von Wolfgang Borchert nacherzählen:

„Die drei dunklen Könige".

Ich begann wie üblich mit dem Schreiben, bis das Unbeschreibliche geschah! Es schrieb wie von selbst! Ich schöpfte aus dem Unbewussten. Die Gedanken flossen ohne Unterlass. Reiche, farbige beziehungsweise zerklüftete Landschaften taten sich auf. Und die Note „sehr gut" hing wie eine Verheißung in der Luft.

– „Wer war das, der da geschrieben hatte ...?"

Der zweite Aufsatz riss weitere Gräben auf. Ich schrieb von einer Bergwanderung über die „Gemmi". Ich ging voran, quer über Steine und Alpenrosensträucher. Mein Vater konnte nicht mehr mithalten. Ich verlor ihn aus den Augen. Weit über der Passhöhe blickte ich in die nächste Talschaft hinüber. Neue Welten taten sich auf, – und der Vater blieb „klein und kraftlos" zurück.

Den dritten Aufsatz schrieb ich wie in Trance. Die Reise führte mich nach Paris, – auf die Türme der „Notre-Dame". Ich starrte über das Häusermeer und hielt plötzlich inne:

„Was sollte ich hier?"

Ich eilte, so schrieb ich, die Wendeltreppe hinunter in die „Rue St. Denis", hinüber zu den Gassen des „Montmartre", hinauf zum „ Place Pigal", wo die Huren stehen. Ich schätzte diese Frauen. Ich spürte ihre Wahrhaftigkeit. Sie waren wahr und authentisch, – wahrer als die Lügen meiner Mutter ... – „Meine Mutter, – wer war sie wirklich?"

Beim vierten und letzten Aufsatz hielt ich mich weder an das gestellte Thema noch an den gesetzten Termin. Ein stilles Übereinkommen zwischen meinem Lehrer und mir machte dies möglich.

Der Lehrer war zu meinem Vorbild geworden. Sein Körper war durch eine frühe Polioinfektion entstellt. Trotzdem zeigte er sich als warmherziger und wohlwollender Pädagoge. Er war armenischer Abstammung und erzählte hin und wieder von den grauenvollen Ereignissen, die seinem Volk widerfahren waren: Er selbst war Zeuge des türkischen Völkermords gewesen.

Ich schrieb während den Sommerferien. Ich konzipierte, stellte um, plante und korrigierte. Ich fantasierte, dass ich einmal als Psychologe in Bern arbeiten würde. Ich fasste mein Leben zusammen, träumte in die Zukunft hinein und machte einen ersten falschen Frieden – mit meinen Eltern.

Die Bobtaufe

Im Dezember 1980 bekam Hermann Burger den ehrenvollen Auftrag, für die „Weltwoche", die damals ein arriviertes Weltblatt und noch keine tendenziöse „Provinzposse" war, eine Reportage über den „Spengler Cup" zu schreiben. Also fuhr ich zusammen mit Hermann nach Davos und verfolgte die laufenden Kämpfe. Einmal flog der „Puck" über die Bande und landete direkt vor meinen Füssen. Pucks, die in die Zuschauerränge fliegen, sind nicht nur gefährlich, sondern auch begehrte Trophäen. War das möglicherweise ein „böses Ohmen" …?

Hermann war ein leidenschaftlicher Bobfahrer. Es passte zu seinem Wesen. Seine Langabfahrten vom „Lindenberg" oder seine Hochrisikoabfahren vom bernjurassischen „Moron" gerieten zu halsbrecherischen Unternehmungen. Wehe, ein Fahrzeug wäre uns entgegen gekommen.

An einem freien Spielnachmittag machten wir einen Abstecher nach St. Moritz, um den „Bob Run" zu erkunden. Selbstverständlich blieb es nicht beim „Erkunden". Hermann wollte Bob fahren.

Also buchten wir für 77 Franken eine „Taxifahrt“ über den legendären „Olympia Bob Run“ von St. Moritz.

Nach einer kurzen Einführung und dem Hinweis, dass man sich festhalten und den Kopf einziehen müsse, ging es an den Start. Mit Silvio Hunger als Steuermann und einem Bremser in meinem Rücken begann das Eisabenteuer. Das Eis war hart und schnell. Der Unfall des amtierenden Weltmeisters Erich Schärer, der eine Stunde zuvor gestartet und gestürzt war, hätte uns warnen müssen.

Nach dem „Wall Corner“ erreichten wir im „Snake Corner“ eine vielversprechende Zwischenzeit. Im „Sunny Corners“ riskierte ich einen kurzen Blick auf die vorbeifliegenden Eiswände. Im „Horse-Shoe Corner“ schossen wir in halsbrecherischer Weise um die eigene Achse dem „Telephone Corner“ entgegen, wo wir die Höchstgeschwindigkeit beziehungsweise Tagesbestzeit notierten, um kurz darauf durch den „Shamrock“ hindurch im „Devils Dyke Corner“ auf den Kopf umzudrehen. Als ich realisierte, dass wir nicht auf den Kufen, sondern auf unseren Köpfen in den „Gunter Sachs Corner“ einbogen, dachte ich: „Jetzt bist du dran! Warum gerade ich?“ Ich hielt mich weder an den Griffen fest, noch zog ich den Kopf zurück, sondern kämpfte mit meinem linken Ellbogen verbissen gegen die „vorbeirasenden Eismassen“ an: Der Reflex war stärker als mein Verstand. Schließlich endete die verwegene Höllenfahrt nach einer eintausendsiebenhundertzweiundzwanzig Meter langen Schlitterei unter der Eisenbahnbrücke hindurch im sogenannten „Auslauf“, wo ich nicht das Sieger-Treppchen besteigen konnte, sondern geradewegs in die „Unfallklinik Gut“ überführt wurde.

Die Diagnose lautete: Lädierter Ellbogen, zerschlissener Mantel und zerbeulter Helm.

Dem Helm sei Dank! Ohne diesen hätte ich die Höllenfahrt kaum überleben können.

Nach einer halben Stunde stand Hermann vor meinem Bett und legte mir die von Gunter Sachs unterzeichnete „Urkunde" in die Hand:

Ich hatte die „Bobtaufe" des „Olympia Bob Run St. Moritz Celerina" „erfolgreich" bestanden.

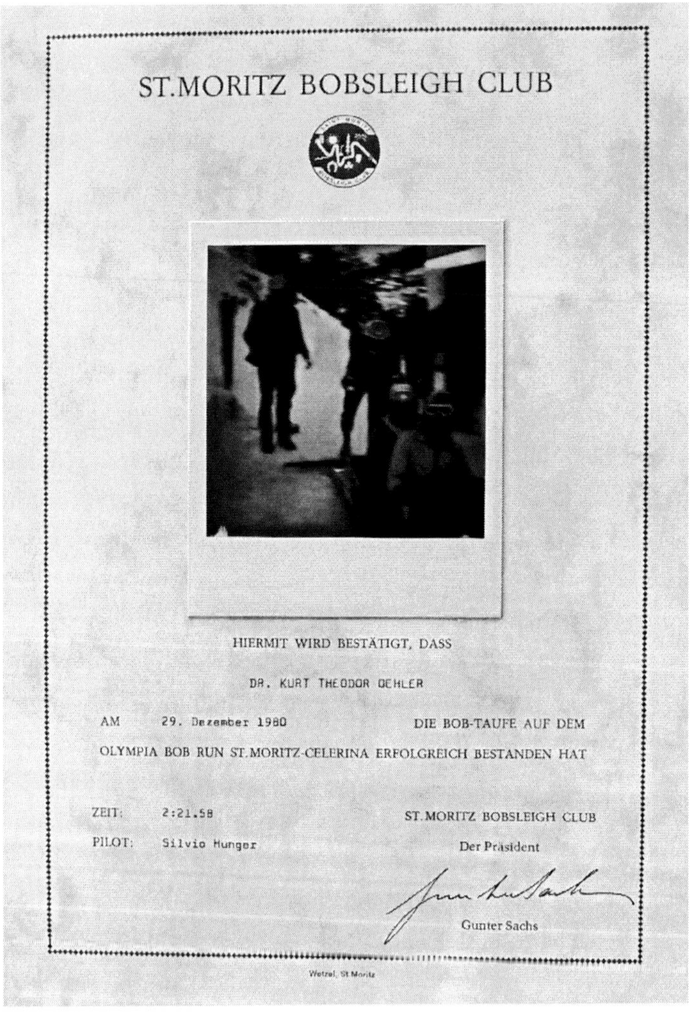

ST.MORITZ BOBSLEIGH CLUB

HIERMIT WIRD BESTÄTIGT, DASS

DR. KURT THEODOR OEHLER

AM 29. Dezember 1980 DIE BOB-TAUFE AUF DEM

OLYMPIA BOB RUN ST. MORITZ-CELERINA ERFOLGREICH BESTANDEN HAT

ZEIT: 2:21.58

PILOT: Silvio Hunger

ST. MORITZ BOBSLEIGH CLUB

Der Präsident

Gunter Sachs

Wetzel, St Moritz

Die Fruchtfliege

Im Biologieunterricht wurde die Fruchtfliege, lateinisch „Drosophila“, unter dem Mikroskop beobachtet. Es gab Fliegen mit großen Flügeln und andere mit „Stummelflügeln“.

Fruchtfliege mit normalen Flügeln

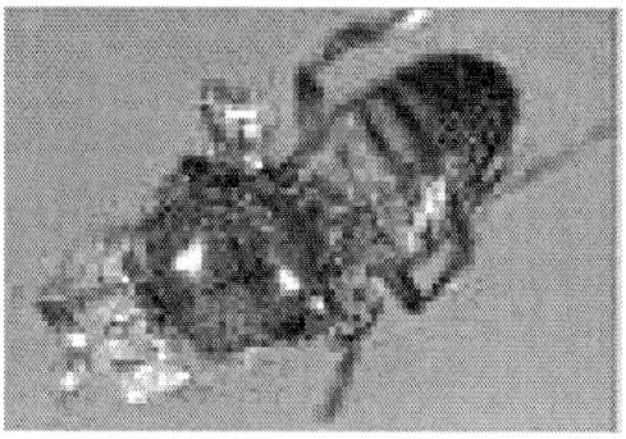

Fruchtfliege mit Stummelflügeln

Zudem unterschieden sich die Tiere in der Augenfarbe. Wie war das möglich? Es wurde den Schülern erklärt, dass sich die Gene, die diese Unterschiede bewirkten, stets verändern. Anscheinend gehört es zum Charakter der genetischen Vererbung, dass sie spontan neue Formen entwickelt. Die Natur ist ein Experimentierfeld, hieß es. Tatsächlich konnten unter dem Mikroskop solche Veränderungen, der Professor nannte sie Mutationen, beobachtet werden.

Es lag auf der Hand, dass die Fliegen mit den Stummelflügeln nur geringe Überlebenschancen hatten. Sie würden vermutlich sofort sterben. Möglicherweise würde es auch andere Veränderungen geben, zum Beispiel Fruchtfliegen mit größeren Flügeln, längeren Beinen oder kräftigeren Muskeln. Vielleicht würden Fliegen mit größeren Flügeln schneller fliegen als diejenigen mit normalen Flügeln, vielleicht aber auch an Wendigkeit verlieren. So würden Fliegen mit größeren Flügeln sich möglicherweise besser ernähren beziehungsweise erfolgreicher fortpflanzen können als normale oder kurzflügelige Tiere. Dann würde es in einigen Jahren nur noch Fruchtfliegen mit längeren Flügeln geben. Vielleicht würde sich die verminderte Wendigkeit aber auch als deren Nachteil erweisen. Dann würden sowohl die Fruchtfliegen mit den langen Flügeln als auch die Fliegen mit den Stummelflügeln bald aussterben.

Was bedeuteten diese Überlegungen? Sie sollten zeigen, dass sich Lebewesen im Wechselspiel zwischen den spontanen Veränderungen, der „Mutation", und den Möglichkeiten, sich in der Umwelt zu behaupten, der so genannten „Auslese", dauernd verändern und neue Formen entwickeln.

Es bedeutet weiter, dass es in der Evolution kein gerichtetes Streben beziehungsweise keinen göttlichen „Plan" zur Höherentwicklung gibt. Der Motor der Entwicklung ist der „Zufall". Erst das Überleben einer erfolgreichen Mutation oder das Herausfallen einer nicht erfolgreichen Mutation geben dem Prozess die entscheidende Richtung vor.

Der Mensch stammt vom Affen ab

Im Gymnasium, das den Ruf einer liberalen Lehrstätte hatte und in dem selbst „Einstein" die Schulbank gedrückt hatte, wurde ebenso gelehrt wie in anderen aufgeklärten Lehrstätten:

„Der Mensch stammt vom Affen ab!"

Selbstverständlich konnte ich diese These nicht akzeptieren. Ich war befangen, im Denken meiner Eltern gefangen. Aber, – die Thesen brachten mich zum Grübeln.

Es waren dann die Darstellungen fossiler Skelettfunde zur Entwicklung des Pferdefußes von den ersten Urpferden bis zum heutigen Pferd, die mich überzeugten. Erst ging das sogenannte Urpferd, so wurde behauptet, auf vier oder fünf Zehen. Im Rahmen der Evolution bildeten sich zuerst die erste, dann die zweite, dann die vierte und schließlich die fünfte Zehe zurück. Heute geht das Pferd auf seinem Mittelfinger. Der Fingernagel wurde zum Huf, und auf den Rückseiten der Beine sind die Reste der übrigen vier Zehen anhand von grauen Schwielen noch heute zu erkennen. Die Rinder beziehungsweise

Schweine gehen auf zwei Zehen, sie sind Paarhufer. Sie haben Hörner beziehungsweise Hauer und müssen nicht so schnell laufen wie die Pferde. Je schneller Tiere rennen müssen, desto weniger Zehen sind erhalten geblieben. – Eigentlich logisch!

Der Saurier in uns

Dann der nächste Schock: Die menschlichen Embryonen durchlaufen während ihrer Entwicklung von der Eizelle beziehungsweise ersten Zellteilung, die wir im Mikroskop betrachteten, selbstverständlich nicht bei menschlichen Embryonen, bis zum gereiften Säugling, alle Stadien der Evolution (siehe Bild).

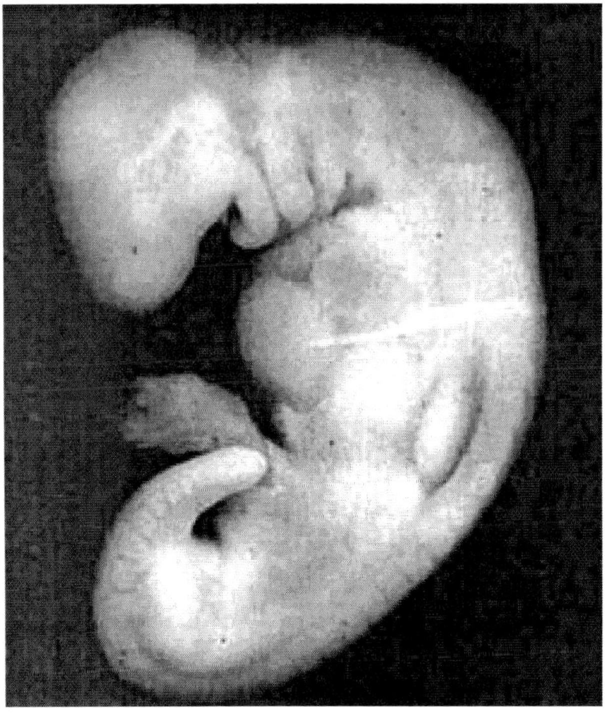

Menschlicher Embryo nach 28 bis 32 Tagen

Deutlich ist der Schwanz eines Reptils, eine Miniaturausgabe eines Krokodils oder, mit etwas Fantasie gesehen, eines Sauriers zu erkennen! Wenn das nicht überzeugen sollte!

Dazu gibt es eine epochale Theorie:

„Die Abstammungslehre von Charles Darwin!" – Eine tiefe Kränkung für alle Christen.

Und alles, was Darwin schrieb, die Entwicklung der Arten, die Wanderbewegungen der Vorfahren und so weiter und so weiter wird heute anhand der Analyse des genetischen Genoms lückenlos bestätigt.

Der Zorn Gottes

Vorher hatte ich gelitten, weil ich nicht verstehen konnte, warum es Leben und Lebewesen gibt. Woher kommt das Leben? Früher dachte ich, dass es nur Gott gewesen sein konnte, der alles erschaffen hatte. Gott musste deshalb existieren! Nun konnte ich mir plötzlich vorstellen, wie sich in Jahrmillionen aus anorganischen Verbindungen und primitivsten organischen Strukturen langsam Einzeller, Mehrzeller, Fische, Kriechtiere, Säugetiere und schließlich auch Affen und Menschen entwickelt hatten. Mit Darwins Theorie hatten sich die Argumente meiner Eltern für einen einmaligen Schöpfungsakt Gottes wie in Luft aufgelöst.

Das war, neben dem „Lesen lernen", die wichtigste Erkenntnis meines Lebens.

Die Einsicht schlug wie eine Bombe ein! Ich war überrascht! Gleichzeitig aber auch verwirrt! Es war eine Katastrophe, – eine seelische Katastrophe. Die Felsen schienen zu bersten. Der Granit der erstarrten Gedanken war am Zerbröseln. Es war, als ob Gott, in grenzenlose Wut geraten, wegen seines Prestigeverlusts zürnend, den Fels des universellen Misstrauens mit einem wuchtigen Hieb zerschlagen hätte. Dieser wankte, und ein gewaltiger Felssturz von kritischen

Fragen und provozierenden Antworten stürzte zu Tal, – Mann und Maus verschlingend …

Die Makkabäerkriege

Selbstverständlich las ich auch die Bibel. Im Laufes meines Lebens zweimal, von Anfang bis ans Ende. Ich fand die biblischen Geschichten interessant. Noch interessanter fand ich aber die Apokryphen, das heißt diejenigen Texte, die aus bestimmten Gründen nicht in den biblischen Kanon aufgenommen wurden. Und am interessantesten fand ich die dazugehörigen Erklärungen, in denen die Gründe dargelegt wurden, warum die betreffenden Texte nicht in die Bibel aufgenommen wurden. Im Hinblick auf die Makkabäerbücher stand da geschrieben, dass diese wegen ihrer Geschichtlichkeit nicht übernommen wurden. Die Siege der Makkabäer seien nicht als Ergebnis des ausdrücklichen Willens Gottes, sondern eher als militärstrategisch beziehungsweise geschichtlich bedingte Ereignisse verstanden worden.

Diese Ausführungen zeigten mir, dass die Bibel nicht das „Wort Gottes" sein konnte, sondern von Menschen geschrieben und von Menschen aus einer großen Auswahl vorchristlicher Literatur anhand relativ willkürlich festgelegter Kriterien zusammengestellt worden war.

Der Koran

Mit ähnlichem Interesse las ich auch den Koran. Beim zweiten Durchlesen erstellte ich eine Inhaltsanalyse.

Der Koran ist wie die Bibel für die Christen das Heilige Buch der Muslime. Das verlangt Respekt! Man darf aber fragen, ob es erlaubt ist, einmal richtig durchzulesen. Das habe ich getan.

Der Koran ist ein Sammelsurium von sich ständig wiederholender religiöser Behauptungen beziehungsweise Forderungen und patriarchalisch-aggressiver Statements. Sie sind mit einem freiheitlich-demokratischen Verständnis unvereinbar. Die Grundhaltung ist arrogant, aufhetzerisch, unversöhnlich, bildungs- und frauenfeindlich, zudem sozialrepressiv und von wenigen wohllüsternen Ausnahmen abgesehen auffällig sexualfeindlich.

Richter oder Politiker, die sich auf den Koran stützen, können nicht von einer demokratischen Grundhaltung erfüllt sein. Ein Islam, der zu einer freiheitlich-demokratischen Gesellschaftsordnung passen würde, muss erst noch erfunden werden.

Der Gottesbeweis

Der Prozess war nicht mehr aufzuhalten. – Und der Vortrag des Anthroposophen, den ich in jener Zeit, in der ich alles wissen wollte, hörte, konnte mir nur noch ein müdes Lächeln abringen. Der Referent fragte, indem er eine Handvoll Klötzchen in die Luft warf, wie oft er diese Handlung wohl wiederholen müsse, um zufällig einen Menschen zu erschaffen.

Die Frage war selbstverständlich ironisch gemeint. Sie sollte die Evolutionstheorie mit einem einzigen Wisch vom „Tisch des Hauses" fegen. Für Menschen, die nicht mit den Naturgesetzen und der oben dargestellten Evolutionstheorie vertraut sind, – ist dieses Vorgehen überzeugend:

„Ja, natürlich, wir haben es ja gewusst! Nur Gott konnte die Welt erschaffen haben …"

Der Vortragende hatte aber die Gesetze der Evolutionstheorie nicht verstanden. Wie sollte er auch! Vermutlich will er sie gar nicht verstehen. Wie sollte ein Mensch, ohne Gott zu bemühen, die Entstehung des Leben beziehungsweise des Menschen ohne Darwins Theorie verstehen können?

Ich begriff, dass es Menschen, die mit den naturwissenschaftlichen Erkenntnissen nicht vertraut sind, unmöglich ist, das Rätsel der Evo-

lution zu lösen. Sie sind auf irrationale Erklärungsmodelle angewiesen. Plötzlich klaffte zwischen den naturwissenschaftlich gebildeten und naturwissenschaftlich nicht gebildeten Menschen ein tiefer Graben.

Was bedeutete es, wenn ich einerseits vom Geiste der urchristlich bekennenden Familie geprägt und andererseits rundherum mit naturwissenschaftlichen Fakten konfrontiert wurde? Konnte das gut gehen? Natürlich nicht!

Das Problem „Evolution" führte bald zu weiteren Fragen: Wenn es stimmt, dass sich die Menschen beziehungsweise die ganze Menschheit einschließlich ihrer kulturellen Vielfalt innerhalb der Gesetzmäßigkeiten der Evolution entwickelt hatten, müssen auch die Religionen Produkte dieses Geschehens sein. Möglicherweise schaffen religiöse Verhaltensweisen, ob es nun Gott gibt oder nicht, Bedingungen, die es den Menschen besser ermöglichen, ihr Leben zu meistern. Das würde bedeuten, dass religiöse Menschen eine höhere Überlebenschance haben als nicht religiöse Menschen. – Es würde vermutlich sehr wichtig sein, diese Fragen weiter zu diskutieren.

Kaspar Villiger

Während dieser Zeit, die von Ängsten und inneren Krisen bestimmt war, suchte ich nach Menschen, mit denen ich mich austauschen konnte. Einer dieser Menschen war Kaspar Villiger. Er war neben meinem Deutschlehrer mein zweites großes Vorbild, – mein „Demian". Nächtelang redeten wir zusammen, – über Gott und die Welt. Kaspar glaubte an Gott, weil er sich getragen fühlte.

Von den umliegenden Gemeinden, wo wir nachts im Kreise der Gymnasiasten schönen „Besen", wie wir die Mädchen damals nannten, „Ständchen" darbrachten, um Einlass zu erwirken und Kaffee zu trinken, wanderten Kaspar Villiger, Hermann Burger und ich in den frühen Morgenstunden durch die feucht verregneten Auenwälder in die zehn Kilometer entfernte Heimatstadt zurück. Auf diesen Märschen festigte sich unsere Freundschaft.

Auch Kaspar schrieb Aufsätze. Sein letzter handelte von einer Bergwanderung. Ein Mann stieg einen steilen Bergpfad empor. Irgendeinmal stand er vor der Entscheidung:

„Entweder weiter zu steigen oder umzukehren, um die Metzgerei seiner Eltern zu übernehmen. Im Aufsatz wie im Leben kehrte er zurück. Nach dem Tode seines Vaters übernahm er den väterlichen Zigarrenbetrieb.“

Kaspar wurde in der Folge kraft seiner Intelligenz ein erfolgreicher Unternehmer.

Er las aber, ebenso wie Hermann Burger und ich, den „Mann ohne Eigenschaften“ von Robert Musil und das „Glasperlenspiel“ von Hermann Hesse. Dabei zeigte sich Kaspar besonders von letzterem tief beeindruckt. Die Art der Berufung der Romanfigur „Josef Knecht“ ins höchste Amt des Klosters schien ihn zu faszinieren. Kaspar schien einige Tage wie verstört. Er identifizierte sich mit „Josef Knecht“. Dieser war ohne sein eigenes Dazutun, nur Kraft seiner charakterlichen Eignung und hervorragenden Intelligenz, ins höchste Amt des Klosters berufen worden.

Kaspars Reaktion konnte ich anfangs nicht verstehen. Bei mir löste dieser Roman eher Neid und Unbehagen aus. Ich fragte mich, ob das erstaunliche Verhalten von Kaspar irgendeine Bedeutung haben könnte. Vielleicht waren seine Gefühle mit einer unbewussten Ahnung im Hinblick auf sein späteres Leben verknüpft. Anscheinend trug er schon als junger Mann eine besondere Verheißung in sich, die sich später erfüllen würde. Kaspar schrieb auch Briefe, in denen er sich dahingehend äußerte, dass er seine Arbeitskraft bis ins hohe Alter von siebzig Jahren der „Gesellschaft“ zur Verfügung stellen würde.

Der Bundespräsident

Ich dachte:

„Sonderbar! Von wo sollte Kaspar dieses Wissen her haben? Es war, als ob er seinen zukünftigen Lebensplan deutlich vor seinen Augen sehen würde.“

Kaspar hatte ein gewinnendes Wesen, war außerordentlich intelligent, humorvoll und vielseitig interessiert. Trotz dieser Privilegien blieb er stets zurückhaltend. Selbst der Prediger schien ihn zu mögen. Er sagte:

„Das ist ein feiner Junge, den du da mitgebracht hast.“

Gab es möglicherweise, so dachte ich damals, göttliche Fügung, einen göttlichen Plan oder eine verborgene Schöpferkraft, die Kaspars Leben bestimmte? Möglicherweise offenbarten sich schon in seiner frühesten Kindheit Zeichen eines außerordentlichen Lebens. Zeichen, die möglicherweise nur Menschen verspüren, die innerlich offen und gefühlsmäßig sensibel sind. Tatsächlich machte Kaspar nach seiner erfolgreichen Geschäftstätigkeit eine glänzende politische Karriere. Er erklomm, ähnlich wie Josef Knecht, das höchste Amt des „Staates“. Kaspar Villiger wurde National-, Stände-, und schließlich Bundesrat, um einige Jahre später das Amt des Bundespräsidenten zu bekleiden.

Die „Achtundsechziger“

Die 68er-Rebellion hatte mich geprägt. Was bedeutet es, ein „Achtundsechziger“ zu sein? Es bedeutet erstens, überkommene Werte in Frage zu stellen. Es bedeutet zweitens, alle Werte anhand neuer Kriterien zu überprüfen und gegebenenfalls auch neu zu bewerten, und es bedeutet drittens, neue Werte zu schaffen.

Obwohl ich nie zum Kern der Chaoten gehört hatte, die sich in „Marxisten-Leninisten“, „Technologen“, „Spartakisten“ und andere Fraktionen aufspalteten, bestenfalls zur Gruppe der etwas abschätzig titulierten „Scheißliberalen“, bewirkten die damaligen Auseinandersetzungen ein starkes Anwachsen meines Selbstvertrauens. Es war das aufkommende Selbstbewusstsein der Generation der 20jährigen gegenüber der autoritär geprägten deutschen Weltkriegsgeneration. Ich genoss die Freiheiten, die die 68er-Rebellion für mich und die Gesellschaft als Ganzes gebracht hatten, zum Beispiel:

„Das Leben in Wohngemeinschaften, das vor dem studentischen Aufbegehren in ganz Westeuropa völlig undenkbar gewesen war, wurde plötzlich akzeptiert. Diese Wohnform assoziierte die Bevölkerung anfänglich mit den beiden „Berliner Kommunen I und II“ und wurde mit sexueller Freizügigkeit oder ausgelassenem Gruppensex assoziiert. Nachdem der Schock, den diese Experimente ausgelöst hatten, langsam abgeklungen war, wurde das Zusammenleben junger Menschen in gemeinsamem Wohnungen allgemein toleriert.

Die Verbreitung und Wiederentdeckung zahlreicher Schriften der psychologisch-psychoanalytischen Weltliteratur, zum Beispiel die Texte von Siegfried Bernfeld, Wilhelm Reich, Anna Freud usw., die plötzlich sowohl kostengünstig als einfache Taschenbücher als auch als handgefertigte Raubkopien auf irgendwelchen Tischen zu erwerben waren, unterstrichen das provokative Rezipieren einer sich nach allen Seiten öffnenden Lesergeneration. Im Rahmen von studentischen Lesezirkeln wurden das „Kapital“ von Karl Marx und die revolutionären Schriften von Lenin, zum Beispiel der Text „Was tun?“, gelesen und diskutiert.

Mit dem weltweiten Aufbegehren verband sich auch ein offenerer Lebensstil: Die Befreiung der Sexualität, das gemeinsame Unterrichten von Mädchen und Knaben, das Tragen von originellen Haarkreaturen, keine rigiden Kleidervorschriften mehr, fantasievollere und variantenreichere Lebensmöglichkeiten, das freie Benutzen von Parkanlagen, die Urbanisierung der Städte, das Kritisieren von Professoren, Vorgesetzten und Regierungen, Diskussionszirkel, Lesegruppen, „Go-ins", „Sit-ins", Demonstrationen, Unmutsäußerungen jeder Art usw. – es war fantastisch!" – Und das in einer Zeit, in der es zwar schon die Pille, – noch nicht aber „Aids" gab ...!

Die Gedanken der „Achtundsechziger" strahlten in alle Länder der Welt aus, – auch in die Schweiz! Selbst unser ehemaliges Schulhaus, in dem es Knaben- und Mädchenklassen, Knaben- und Mädchentreppen, Knaben- und Mädchenflügel, Knaben- und Mädchenturnhallen, Knaben- und Mädchenpausenhöfe und nicht zuletzt eine „Schwarze Pädagogik" gab, wurde von den Schülern gestürmt. Was ihnen früher von Lehrerschaft und Gesellschaft verweigert worden war, haben sie sich einfach genommen ...

Der Schläger

„Schwarze Pädagogik"? Als ich im Französischunterricht eine kleine Bleistiftzeichnung anfertigte und an meinen Sitznachbarn weiterreichte, rastete der Lehrer aus. Er, ein hagerer, cholerischer Typ, griff nach meinen Haaren und schlug mit geballter Faust und voller Wucht auf meinen Rücken und Hinterkopf ein. Dabei fluchte und brüllte er wie ein „Stier". Er war ein Irrer, ein gemeiner Schläger. Jede Woche war ein anderer Schüler dran, als ob er seine Aggressionen ungehemmt an seinen „Schülern" ausagieren dürfte. Dieses „Vermöbeln", das vorher nie in Frage gestellt worden war oder gar als ungerechtfertigte „Entgleisung" verurteilt werden konnte, wurde plötzlich gestoppt, als einige Eltern gerichtlich gegen den Lehrer vorgingen. Was früher allgemein toleriert wurde, nämlich körperliche Züchtigungen von Kindern und Schülern, wurden plötzlich als strafbare Handlung anerkannt.

Ähnliches trifft auf die Behandlung von Heiminsassen und Gefangenen zu. Der sexuelle Missbrauch in Klosterschulen, gewalttätige

Misshandlungen in Jugendheimen und Jugendgefängnissen wurden entgegen der allgemeinen Tendenz, die Übertretungen zu vertuschen, aufgedeckt und öffentlich publik gemacht beziehungsweise geahndet.

Der Zeitgeist hatte sich geändert, als ob das „autoritäre Zeitalter" einer demokratischer geprägten Epoche hätte weichen müssen.

Sigmund Freud

Mit zunehmenden Leseerlebnissen explodierten meine Interessen. Ich griff nach allem, was mein Wissen zu erweitern versprach. Aber, während ich las, Sachbücher, Dramen, Biographien, philosophische Texte, und nicht zuletzt – moderne Schriftsteller, begegneten mir immer wieder Zitate, die auf einen ganz bestimmten Autor hinwiesen. Es fiel mir auf, dass oftmals, wenn es um besonders wichtige Themen ging, ein gewisser „Sigmund Freud" zitiert wurde. Wer war denn dieser Mann, der die Autoren so stark zu faszinieren schien?

Ich ging in die Bibliothek und schlug im Autorenverzeichnis nach:

Sigmund Freud, „Zwanzig Vorlesungen zur Einführung in die Psychoanalyse" – Ein Glücksfall …!

Freud und der Priester

Während der Frühlings- und Herbstferien arbeitete ich auf irgendwelchen Baustellen oder im Betrieb meines Onkels. Mit dem selbstverdienten Geld kaufte ich mir eine Reiseausrüstung mit Zelt, Luftmatratze, Schlafsack und weiteren Reiseutensilien.

Dann ging es richtig los! Zusammen mit einem Freund fuhr ich 1957 mit dem Fahrrad ins Tessin, ein Jahr später, ebenfalls mit den Fahrrädern, an die Weltausstellung in Brüssel, 1959 nach Südfrankreich, und 1960 mit zwei Motorrädern nach Paris. Dort, in den Ni-

schen der Tuillerien, umgeben vom Gürtel der Renaissancezinnen, las ich Freuds „Vorlesungen".

Da stand es schwarz auf weiß, dass es keinen Gott gebe, dass dieser nur der menschlichen Fantasie entspringe und dass diese Vorstellungen in erster Linie dazu dienten, ängstliche Menschen zu beruhigen.

Ein Priester, der wie aus dem Nichts heraus auftauchte, auf den emsigen Leser in den schattigen Nischen aufmerksam geworden, zeigte sich an der Lektüre interessiert. Es war kurios:

„Der Mann der Kirche gegen den Mann der Psychoanalyse – Der Gottesmann gegen den Gottesleugner – Ein Kampf der Titanen!"

Wer würde siegen? Der Priester, der Freuds Thesen mit starken Argumenten zu entkräften suchte, oder Freud, dessen Argumente kaum zu widerlegen waren? Der Priester kämpfte gegen seinen virtuellen Widersacher einen tapferen Kampf – und wandte sich wieder ab. Warum sollte er sich durch die ketzerischen Gedanken eines „weltfremden Theoretikers" in seiner ganzen Existenz in Frage stellen lassen?

Für mich aber war ein weiteres Mal etwas wichtiges geschehen. Ich spürte, dass es Menschen gibt, die einfach nicht wissen wollen beziehungsweise können. Ich war schockiert. Warum interessierte sich der Priester, der vorgab, sich von seiner ganzen Existenz her mit den „letzten Dingen" zu beschäftigen, nicht für Freuds Theorien?

Wie Schuppen fiel es von meinen Augen, als ich weiter las und Freuds Thesen über die psychischen Mechanismen des religiösen Glaubens studierte. Es wurde mir klar und schien mich zu überzeugen, dass die Suche nach „Gott" eigentlich die Suche nach einem Vater war. – Ich aber dachte, lieber den Mut aufbringen, an nichts zu glauben, – als an etwas Falsches.

„Auf dass wir es hinter uns haben"

Hermann war ein leidenschaftlicher Mensch, vielseitig und offen. Während des Studiums meldeten sich die ersten Krankheitszeichen. Das Damoklesschwert des psychischen Zerfalls begann sich zu drehen. Die anfänglich harmlos erscheinenden psychosomatischen Beschwerden wandelten sich im Laufe der Jahre zu schwersten manisch-depressiven Episoden. Die Depressionen zwangen ihn zu mehrwöchigen Arbeitsunterbrüchen. Und während der manischen Phasen schlug er wie ein Berserker um sich, als ob er sich seine besten Freunde gerade noch rechtzeitig vom Halse schaffen wollte.

Zu meinem 40. Geburtstag hatte ich meine Münchner Freunde in die Schweiz eingeladen. Selbstverständlich war auch Hermann eingeladen. Zufällig war für ihn am gleichen Abend eine Autorenlesung in Luzern angesagt. Hermann erwartete, dass meine Freunde zuerst seine Lesung in Luzern besuchen und anschließend zu mir nach Bern fahren würden. Das schien ihm selbstverständlich.

Zu jener Zeit litt Hermann zunehmend unter schweren „manisch-depressiven" Reaktionen. Langsam verlor er die Beziehung zur Realität. Deshalb konnte er nicht verkraften, dass die „Münchner" nicht nach Luzern, sondern gleich nach Bern fahren wollten. Hermann war erbost und schickte an alle Bekannten einen von Wut strotzenden Schmähbrief. Das sollte mich aber nicht davon abhalten, Hermann über alle Hindernisse hinweg die Treue zu halten.

Im Sommer 1988 kam Hermann mit seinem roten „Ferrari Cabrio" zu unserem Ferienhaus auf dem „Moron". Als Gastgeschenk gab er mir die erste Fassung des „Tractatus Logico suicidalis" mit der etwas verwirrenden Widmung:

„Auf dass wir es hinter uns haben,
Hermann."

Im Laufe des gleichen Abends sagte er, dass er nur noch etwa sieben Wochen „durchhalten" könne. Ich habe diesen Satz nicht ernst genommen. Wie sollte ich auch! Niemand konnte damals wissen, wie es um Hermann Burgers Gesundheit und seine wirtschaftlichen Verhältnisse stand.

Schließlich, am 28. Februar 1989, an meinem Geburtstag und in Hermann Burgers siebenundvierzigstem Lebensjahr, nahm er sich, wie mehrfach angekündigt, das Leben. Damit endete sowohl eine vielversprechende Schriftstellerkarriere, als auch, – für mich persönlich, – das Leben meines besten Freundes, ein Tod, der mein Leben um vieles ärmer machen würde.

Der „Büezer“ mit der Faust im Sack

Ich ließ mir Backen- und Schnauzbart wachsen, trug einen überlangen Cognac-braunen Cordmantel und eine in China gefertigte „Russenmütze“. Ich las Karl Marx, Wilhelm Reich und Siegfried Bernfeld. Ich identifizierte mich mit der Studentenbewegung und nahm an mehreren Demonstrationen teil:

Es war ein irres Gefühl, wenn ich wie in einem schwabbelnden „Tatzelwurm“, in schreiende, rufende und Fahnen schwenkende Demonstranten eingeordnet, durch die Straßen Münchens zog. Das Blut wallte in meinen Adern. Ich war erfüllt von schwelgender Bedeutungshaftigkeit. Meine Gefühle liefen Amok. Angst, dass etwas passieren könnte, die Erwartung, dass überhaupt etwas passieren würde, Wut und Aggression, Angst vor den Reaktionen der „schweigenden Mehrheit“, vor den Menschen, die stumm und entrüstet entlang der Straßenränder standen. – Das hatte ich noch nie erlebt!

Was waren das für Menschen, die rote Spruchbänder vor sich her trugen, die schreiend und brüllend vor, neben und hinter mir gingen?

Ich kannte niemanden. Das waren Menschen, die von irgendwo herkamen. Waren es Studenten? Oder vielleicht Arbeiter? Ich konnte keine Arbeitskittel, Schirmmützen oder Schutzhelme ausmachen. Es waren in erster Linie junge Menschen, in der Mehrzahl Studenten, die sich als „wilde Kerle“ ausgaben, mit Randlos- beziehungsweise Intellektuellenbrillen, mit lässig um den Hals gewickelten Schals, – und ausgefransten Jeans … Die Arbeiter, in deren Namen wir demonstrierten, standen eher am Straßenrand und machten die „Faust im Sack“.

Mit der ganzen Persönlichkeit

Die Auseinandersetzung mit der Psychoanalyse veränderte mein Denken fundamental. Die Vorlesungen erschlossen neue Verständnismöglichkeiten. Freud stellte Fragen, die mich beschäftigten, und gab Antworten, die ich akzeptierte.

Gleichzeitig erlebte ich etwas Zwiespältiges. Einerseits konnten mich Freuds Theorien überzeugen. Andererseits zeigten sich auch Widersprüche, die gerade diese Einsichten als ich-fern und nicht als mir zugehörend qualifizierten. Dieser „innere“ Dialog führte schließlich zur Geburt meiner neuen Berufsidentität. Insgeheim dachte ich, dass ich mich lebenslang mit der menschlichen Psyche auseinandersetzen wollte, und dass es nichts Wichtigeres und Schöneres geben könnte, als Psychoanalytiker zu werden.

Erstens würde ich Menschen helfen können, ein selbständigeres, selbstverantwortlicheres beziehungsweise selbstbewussteres Leben zu führen. Gleichzeitig würde es bedeuten, dass meine Klienten ihre eigenen Kindheitsprägungen besser verstehen und sich entsprechend konstruktiver mit ihren Eltern auseinandersetzen könnten.

Psychoanalytiker zu werden bedeutete aber noch mehr. Es bedeutete nämlich, auf die Klienten mit der ganzen Persönlichkeit einzuwirken. Die Psychoanalyse ist keine von der eigenen Persönlichkeit abgetrennte Behandlungstechnik, die man einfach erlernen und sofort anwenden kann. Die Psychoanalyse bedeutet eine zwischenmenschschliche Interaktion im Rahmen der ganzen Persönlichkeit.

Der Regierungswechsel

Gleichzeitig warf die Therapie, der ich mich unterzog, weitere Fragen auf. Ich erkannte, dass meine Aggression, die ich gegen die Gesellschaft und ihre Institutionen hegte, in erster Linie in der Wut auf meine Eltern begründet lag. Sie hatte weniger mit der Unzufriedenheit mit den bestehenden gesellschaftlichen Verhältnissen zu tun als mit der Unzufriedenheit mit der eigenen persönlichen Sozialisation.

Diese Einsicht war befreiend. Es war besser, diese Wut als offene und direkte Aggression gegenüber den Eltern zu spüren, als diese als unspezifische Empörung an irgendwelchen Institutionen auszuagieren.

Gleichzeitig musste ich erkennen, dass sich die Deutsche Politik weit flexibler zeigte als ich erwartet hatte. Die Regierungserklärung von Willy Brandt, die dieser am 28. Oktober 1969 vor dem Plenum des Deutschen Bundestages hielt, nahm den „Achtundsechzigern" den ganzen Wind aus den Segeln. Viele Passagen der Regierungserklärung hätten ebenso im Forderungskatalog der Studenten stehen können. Das neue Denken, das Willy Brandt propagierte, gipfelte nach dem etwas provozierenden Satz des christdemokratischen Vorgängers Kurt Georg Kiesinger:

„Die Bundeswehr ist die Schule der Nation!",

in der zwar logischen, zu jener Zeit aber fast revolutionären These:

„Die Schule ist die Schule der Nation!"

Willy Brandts Rede manifestierte die entscheidende Abkehr von der autoritär geprägten Vorkriegs- und Nachkriegsgeneration. Es war ein gewaltiger Bruch in der Zeitgeschichte, weil erstmals nach dem Zweiten Weltkrieg die deutschen Sozialdemokraten im Rahmen eines legalen parlamentarischen Prozesses die Macht erringen konnten.

In diesem Augenblick sah ich den eklatanten Widerspruch in der linksextremen Ideologie. Die Marxistisch-Leninistische Studentenfraktion wollte keine Kompromisse schließen, schon gar keine Friedensanstrengungen unternehmen, – und ebenso keine Zusammenarbeit erwägen. Sie propagierte die konsequente Konfrontation und schließlich, – in letzter Konsequenz, – die Revolution!

Ich erlebte hautnah und im vollen Bewusstsein den Zerfall der 68er-Rebellion. Die Luft war draußen! Die Mitte brach auseinander. Und der aggressivste Teil der „Achtundsechziger", deren kränkster Teil, extremisierte zum äußersten Rand der Szene. Es blieb den Extremisten, so könnte man meinen, gar nichts anderes übrig, als an die äußerste Grenze zu gehen. Das führte schließlich zur Bildung der so genannten „Baader-Meinhof-Gruppe" beziehungsweise der „Rote-Armee-Fraktion" (RAF).

Wie hätte es anders sein können, bei dieser Wut im Bauch? Deren Aggressionen hatten aber, wie ich bei mir selber feststellen konnte, tiefere Ursachen. Die Mitglieder der RAF gerieten in einen verhängnisvollen Strudel, der sie schließlich verschlingen würde.

Sie schlugen den Sack …

Die „Baader-Meinhof-Gruppe" kämpfte gegen die falschen Feinde. Sie schlugen den Sack und meinten den Esel. Eigentlich hätten sie, zum Beispiel Gudrun Ensslin und Ulrike Meinhof, mit ihren Eltern abrechnen müssen. Sie führten einen Stellvertreterkrieg und agierten ihre Wut an unschuldigen Opfern aus. – Diese Unbewusstheit ist aber – sowohl gestern als auch heute, – immer kriminell!

Ich erkannte, dass Kaufhausdiebstähle, gewaltsames Vorgehen gegen Geschäfte, Autos oder gar Exzesse gegen Menschen, meistens in einem unbewussten familiendynamischen Zusammenhang standen.

Anfangs brachte ich den Zielen der RAF einige Sympathien entgegen. Die Wende kam aber abrupt, als deren Mitglieder 1977 den Generalbundesanwalt Siegfried Buback mitsamt seinen Leibwächtern, den Arbeitgeberpräsidenten Hans Martin Schleyer und den Gerichtspräsidenten Ludwig Ponto über den Haufen schossen. Ich erkannte, dass diese Taten in jeder Hinsicht nicht akzeptabel waren. Niemals würde ich mich mit diesen Leuten, die unter dem Deckmantel scheinliberaler Überzeugungen die schrecklichsten Taten begingen, solidarisieren!

Die Reaktion des Staates ließ nicht lange auf sich warten. Es lag ein Sirren und Flirren in der Luft. Überall in den Städten und an den Überlandstraßen wurden Autos angehalten und Personen kontrolliert, – bis die Falle zuschnappte. Aber, warum mussten so viele Menschen, die Familien und Kinder hatten, im Kugelhagel sterben?

Das Neue setzt sich durch

Physische Gewalt? Ich dachte an die „Französische Revolution". Irgendwann war das Fass übergelaufen. Die Aufklärung trieb den Kampf zwischen den „Wissenden" und den „Gläubigen" auf den Höhepunkt und führte zu jahrelangen Auseinandersetzungen. Niemand wurde geschont. Auf beiden Seiten fielen die Köpfe. Jeder Fortschritt musste erkämpft werden. Der Kampf wogte hin und her, und die Siege beziehungsweise Niederlagen wechselten ständig ab, bis sich die neuen Perspektiven, – nach über fünfzig Jahren, – doch noch durchsetzten.

Mein Umdenken galt auch der politischen Grundeinstellung. Die Sowjetunion zeigte sowohl in Ungarn als auch in der Tschechoslowakei und schließlich auch in Afghanistan die Tendenz zu brutaler Machtausübung und damit verbunden ihr wahres Gesicht. Es wunderte mich deshalb nicht, dass die UDSSR schließlich auseinanderfallen würde. Die weitgehende Missachtung der Menschenrechte, das allgemeine Demokratiedefizit und der rigide Wirtschaftszentralismus brachten das Reich zu Fall.

Das amerikanische Machtgebaren offenbarte zwar immer noch die Grässlichkeit des militärischen Imperialismus. Im Gegensatz zur stupiden Barbarei der Sowjetunion zeigte die westliche Großmacht aber immer wieder Anzeichen einer moralisch vertretbaren Grundgesinnung einer gesamtgesellschaftlichen Verantwortlichkeit gegenüber. In dieser Hinsicht wurde ich trotz meiner der Linken verpflichteten politischen Grundhaltung nie ein Sympathisant der sowjetischen Hegemonie.

Der Weg in den Himmel

Im Schlafzimmer meiner Tante hing ein fantasievoll gestaltetes und mit zahlreichen Bibelzitaten versehenes Bild. Es zeigte die „Wege des Lebens“, erstens den Weg in die „Hölle“ und zweitens, gleich daneben, den Weg in den „Himmel“.

Im „Reich der Welt“ ist man herzlich „willkommen“. Die Straße ist breit angelegt und steigt sanft den Hügel empor. Menschen, die freudig winken, ausgelassen lachen oder wild gestikulieren, wandern langsam den Berg hinan. Der Weg führt am „Gasthof des Weltsinns“, in dem gerade ein „Maskenball“ abgehalten wird, vorbei, tangiert auf der rechten Seite das „Theater“, auf der linken das „Konversationshaus“ mit der „Spielhölle“, führt in einem leichten Bogen am „Lottostand“ vorbei und mündet schließlich unter der von einem Zug befahrenen Eisenbahnbrücke hindurch in einen infernalen Feuerbrand, der das „Reich der Welt" beziehungsweise das „Reich der Hölle" repräsentiert.

Zu den „weltlichen Werten" zählen also das „Theater", das „Konversationshaus", als Hort der freien Künste und der offenen Kommunikation, als auch die „Eisenbahn", die den wissenschaftlichen beziehungsweise technischen Fortschritt symbolisiert.

Der Weg ins „Reich Gottes" beginnt bei einer dicken Mauer, in die eine kleine Türe eingelassen ist. Ein verwinkelter Pfad steigt über mehrere Stufen an der christlichen „Kapelle" vorbei, setzt sich über einen schmalen Steig bis zur „Sonntagschule" fort und führt weiter neben der „Knabenrettungsanstalt" vorbei und das „Diakonissenhaus" seitwärts tangierend in zahlreichen Windungen den steilen Bergpfad empor. Neben dem Wegrand drohen sowohl ein Löwe, als Sinnbild der moralischen Versuchung, als auch gefährliche Schluchten und Abgründe. Schließlich endet der „Weg Gottes" ganz oben im „Himmel", der durch eine in leichte Nebelschwaden gehüllte prächtige Stadtanlage mit herrlichen Palästen, Kirchtürmen, fliegenden Posaunenengeln und ganz zuoberst mit einem „Goldenen Kalb" dargestellt wird.

Über der Darstellung von Himmel und Hölle wacht das alles überstrahlende „Auge Gottes", als Sinnbild der göttlichen Obacht …

Stätten des wahren Christentums sind also die „kirchlichen Institutionen", um nicht zu vergessen die „Knabenrettungsanstalt", als ob es keine „bösen Mädchen", sondern nur „böse Buben" geben würde …

Was ist wahr?

Der Konflikt zog sich wie eine schwere Last durch mein ganzes Leben. Mein Gehirn schien zu zerreißen, meine Luftröhre war zugeklemmt. Es war, als ob ich nie richtig durchgeatmet hätte.

Der Riss ging mitten durch mein Herz, eigentlich durch meine ganze Persönlichkeit. Er teilte mich entzwei. Entweder war alles

„richtig“, was ich gefühlsmäßig als „richtig“ erkannte. Dann war alles andere, insbesondere was meine Eltern dachten, falsch. Dann waren die Menschen um mich herum – insbesondere meine Eltern – „verrückt“.

Oder alles war umgekehrt. Die Eltern lagen „richtig“. Dann war ich selber „verrückt“. Damit war mein Problem gekennzeichnet:

Die Frage: „Gibt es Gott oder gibt es ihn nicht“, musste beantwortet werden. Das war in meinem Falle ein absolutes Muss ...!

Eigentlich kann man gut mit einem „Gott“ leben. Für Menschen, die etwas anderes erlebt haben als ich, stellt die Glaubensfrage keine existenzielle Bedrohung dar. Das Geborgenheitsgefühl, das ihnen die Religion vermittelt, ist ihnen wichtiger als die Frage nach der „göttlichen Wahrheit“. Sie können mit oder ohne Gott leben, ohne ihn ständig hinterfragen zu müssen. Sie fragen nicht immer:

„Ist es wahr oder ist es falsch?“

Für mich aber war die Frage nach der Wirklichkeit Gottes von existenzieller Bedeutung, weil ich in einem fundamental-gläubigen Elternhaus aufgewachsen war. Meine Eltern duldeten keinen Widerspruch. Sie sagten: „Das ist die Wahrheit!“ Also musste ich mich mit dieser „Wahrheit“ auseinandersetzen. Ihre „Wahrheit“ war schließlich nicht meine „Wahrheit“. Ihre Wahrheit zu akzeptieren hätte bedeutet, nicht denken zu dürfen. Das wäre mein „geistiger Tod“ gewesen.

Der „Inscheniör“

Als Ankündigung meines Studienabschlusses sandte ich an meine Familienangehörigen, auch an meinen Onkel, eine Zeichnung, die einen verwahrlosten und versoffenen Taugenichts mit der Aufschrift „Ab heute bin ich Inscheniör“ darstellte. Diese Karikatur brachte meine wirklichen Gefühle zum Ausdruck. Meine Ausbildung zum Metallurgen beziehungsweise Wirtschaftsingenieur blieben letztlich ohne Sinn. Nach Abschluss meines Zweitstudiums hatte ich das Gefühl, endgültig gescheitert zu sein. Die konkreten Berufsperspektiven hatten sich in Nichts aufgelöst. Berufs- und konzeptionslos stand ich vor dem „Nichts".

Das „Periodische System"

Es gab noch weiter Fragen, die mich damals beschäftigten. Welches ist der Unterschied zwischen den Elementen? Welches sind die Bausteine der Natur? Warum gibt es überhaupt Steine beziehungsweise Bäume?

Die Antwort gab die Chemie! Ich lernte, dass sowohl die unbelebte Natur, als auch alle Lebewesen zusammen, aus den gleichen Elementen aufgebaut sind: Aus den Atomen! Und mittels des „Periodischen Systems" konnte man jedes Element aus einem anderen ableiten. Die Atome bestehen aus Protonen, Neutronen und Elektronen, nur in anderer Zusammensetzung. Wasserstoff hat ein einziges Proton, Helium zwei, Sauerstoff acht, Aluminium dreizehn, Kupfer neunundzwanzig, Silber siebenundvierzig und Gold neunundsiebzig …

Das „Periodische System" ist in seinem Aufbau von überraschender Einfachheit. Es bringt mit Hilfe von einfachen Gesetzen das ganze Universum „auf den Punkt".

Ich war fasziniert. Die Tabelle hatte Modellcharakter. Mit Modellen, mit denen man spielen und experimentieren kann. Im Rahmen des chemischen Praktikums durften wir tatsächlich spielen, – mit weißen Pulvern, ätzenden Flüssigkeiten und gefährlichen Stoffen. Ich kam mir wie „Doktor Faust" vor. Es war spannend. Der Griff in die falsche „Phiole" hätte den sofortigen Tod bedeutet. Da standen Fläschchen mit pulverisierten Arsenverbindungen, mit dampfendem Quecksilber oder gummierte Behälter mit aggressiven Fluorverbindungen. Ich hätte jederzeit die „Gespenster" rufen können, die ich nicht mehr losgeworden wäre …

Wie und warum kann die Welt so einfach erschlossen werden? Ich kaufte mir ein Lehrbuch über Chemie und setze mich an den Waldrand, von dem aus ich die Stadt und den fernen Jura überblicken konnte. Ich suchte nach einer überzeugenden Antwort auf die „faustische Frage“:

„Was hält die Welt im Innersten zusammen?“.

Um das Rätsel der Materie zu lösen, musste ich verstehen, was irgendwelche Materialien beziehungsweise Elemente, Holz, Steine, Kohle, oder auch Luft, Feuer und Wasser zu dem macht, was sie sind. Alle Dinge bestehen aus den gleichen Elementen und folgen den gleichen Gesetzmäßigkeiten!

Ich war überwältigt. Und der nächste Schritt, das Wissen über die endgültige Auflösung der Elemente in noch kleinere Bestandteile und die Erforschung des Charakters der „Materie“ steht uns noch bevor.

„Wer hat nun Recht, die Naturwissenschaft oder die Religionen?“

Viertausend Jahre Naturwissenschaft

Ich verstand, dass die biblischen Vorstellungen über das Wohin und Woher der Natur beziehungsweise der menschlichen Spezies ergänzungsbedürftig sind. Immerhin hatten sich unsere Vorfahren Gedanken gemacht. Als grobe Arbeitshypothesen waren die biblischen Vorstellungen über die Entstehung der Welt beziehungsweise des Menschen kreativ. Sie entsprachen dem Stand des „naturwissenschaftlichen“ Denkens vor mehr als viertausend Jahren …

Der Begriff

Der Inhalt einer Predigt blieb mir stets verschlossen. Wie sollte ich mich von den Gedanken eines Pfarrers in die Tiefen seiner Überlegungen hineinführen lassen, wenn mir immer wieder abstrakte Be-

griffe den Weg versperrten, wenn dieser zu „Gott“ sprach oder wenn dieser sprach, dass „Gott“ sprach …

Nie hatte ich einer Predigt aufmerksam zuhören können. Immer stolperte ich über dieses eine prekäre Wort: „Gott“ … – Ein Begriff, bei dem des Pfarrers Ausführungen erst anfingen, um die er seine Gedanken rankte, mit dem er seine Thesen begründete und bei dem er schließlich endete, – bei dem meine Fragen aber erst anfingen. Ich konnte nie verstehen, mit welcher Selbstverständlichkeit die Pfarrherren mit diesem Begriff hantierten, „Gott sprach“, „Gott liebte“, „Gott wollte“ oder „Gott handelte“, – und ich wollte oder konnte – ganz im Sinne der „Gebote“ – mir weder ein Bild noch eine Vorstellung von diesem Begriff machen.

Tatsächlich hatte ich „Gott“ nie gesehen, nie mit ihm geredet. Nie hatte ich diesen „Gott“ gespürt, und, soweit ich es erfahren konnte, hat noch nie jemand wirklich mit „Gott“ oder zu „Gott“ gesprochen. Es wurde zwar behauptet, dass „Gott“ unsichtbar und geheimnisvoll – und trotzdem, überall – anwesend und gegenwärtig sei!

– Gern hätte ich zum Kreis der „Auserwählten“ gehört, ganz im Sinne meiner Eltern, denen es vorbehalten war, an der Erhabenheit des Auserwähltseins teilzuhaben.

Die Fusion

In jenen Tagen, als ich an der Technischen Universität München mein Zweitstudium begann, erhielt ich überraschend einen Brief von meiner Mutter. Sie teilte mir mit, dass die Firma meines Onkels von einer anderen Firma aufgekauft worden war. Sie habe fusioniert. Wegen eines größeren Defizits, das zu erwarten gewesen war, hatte der Betrieb seine Selbständigkeit aufgegeben. Der Betrieb mitsamt seinem Namen sollte laut Fusionsvertrag erhalten bleiben. In Wirklichkeit verschwanden sowohl die Firma als auch deren Namen schon nach wenigen Monaten. Die neue Muttergesellschaft wusste nichts Besseres zu tun, als die Firma in ihre Bestandteile zu zerlegen und bis zur letzten Schraube auszuschlachten. Beinahe vierhundert Mitarbeiter und Angestellte verloren ihre Stelle …

Ich war schockiert. Warum hatte mein Onkel nicht mit mir gesprochen? Hatte er gespürt, dass ich nicht bereit war, in seine Firma einzutreten?

Doch, – was niemand und auch ich nicht wusste:

„Die übernehmende Firma schluckte nur, was ihr schon lange gehörte."

Die Geschichte war folgende:

Vor unzähligen Jahren kam der Direktor der betreffenden Firma zu meinem Onkel und sagte:

„Entweder verkaufen Sie uns Ihre Firma, oder wir machen Sie kaputt!"

Der Onkel verkaufte 51 % seines Aktienkapitals, erwirkte aber mittels eines Unternehmensvertrages, dass der Betrieb seine Selbständigkeit und den Namen behalten konnte. – „Wildwest" in der Schweizerischen Industriegeschichte!

Hansi

Mein Vater hatte auch seine liebenswürdigen Seiten. In erster Linie liebte er „Hansi", den Kanarienvogel, der schon nach wenigen Wochen handzahm wurde. „Hansi" flog im „Herrenzimmer" seine Runden und landete auf dem Rand der Zeitung, die sich unter der Last des Vogels leicht nach unten bog. „Hansi" wippte mehrmals auf und ab, was ihm großen Spaß zu bereiten schien, oder landete auf dem Kopf des Vaters. Oder er setzte sich auf des Vaters Daumen, wo er mit Vorliebe „schnäbelte", das heißt, von Vaters Spucke trank. Das war eine rührende Art von emotionaler Zuneigung.

Diese Spielchen wiederholten sich fast täglich, auch abends, – bis zu jenem Tag, als es plötzlich „Klatsch" machte. „Hansi" lag tot auf dem Boden. Der Vater war verzweifelt. Er weinte, legte das Vögelchen in ein mit schwarzem Samt gefüttertes Schächtelchen und schmückte dieses mit einer roten Rose. Er sagte:

„Gott hat ihn mir gegeben, und Gott hat ihn mir genommen".

Mein Vater konnte sich nie mehr entschließen, obwohl er es sehr gerne getan hätte, einen zweiten „Hansi" anzuschaffen …

Mein Vater war neben seinem Ingenieurberuf ein begabter Handwerker, mit fraglos künstlerischen Fähigkeiten. Er arbeitete exakt und wollte, vor allem bei Auftragsarbeiten, keine Halbheiten dulden. Er liebte seine Arbeit, die er, wenn er bei Laune war, zum Entsetzen seiner Mitarbeiter, mit Pfeifen und Singen begleitete.

Der Tod

Eines Tages, am Weihnachtsmorgen 1957, spürte mein Vater einen stechenden Schmerz in der Brust, mit schmerzhafter Ausstrahlung bis in die Arme: Herzinfarkt! Der Aufenthalt im Krankenhaus dauerte nur wenige Tage. Mit Blut verdünnenden Medikamenten wurde er entlassen. Die Attacke wiederholte sich aber schon nach wenigen Tagen, was weitere Spitalaufenthalte nach sich zog. Dann eskalierten die Ereignisse. Während eines Telefongesprächs mit meiner Mutter verstummte seine Stimme: Hirnschlag mit Sprachverlust und halbseitiger Lähmung.

Meine Mutter fragte:

„Glaubst du, dass Papa wieder gesund wird?"

Ich antwortete:

„Selbstverständlich! Warum sollte er nicht wieder gesund werden?"

Ich hatte noch keine Ahnung von Tod und Sterben, – schon gar nicht von der Endgültigkeit des Todes.

Dass mein Vater einmal sterben könnte, hatte ich noch nie bedacht. Das schien mir ganz und gar unmöglich. Der Tod war etwas, was nur andere betreffen konnte. Nicht mich persönlich …

Ein zweiter und dritter Hirnschlag führten zu vollkommener Bettgebundenheit. Eine Lungenentzündung brachte den Tod. Meine Mutter kehrte zur Mittagszeit aus dem Spital zurück und sagte:

„Alles ist vorbei!“

Mein Vater starb exakt eine Stunde nach seiner Schwester, die wegen des Kapitalbezugs aus der damaligen Firma lebenslang von ihrer Rente gelebt hatte. Sie starb an unheilbarem Krebs.

Wegen dieses einstündigen Überlebens konnte mein Vater seine um zwei Jahre ältere Schwester noch voll beerben. Während einer einzigen Lebensstunde war er seine leidigen Geldsorgen los …

Und – bei mir blieb das etwas schale Gefühl zurück, dass sich mein Vater gerade noch rechtzeitig aus dem Staub gemacht hatte, bevor die pubertären Auseinandersetzungen ihren Höhepunkt erreicht hätten. – Auseinandersetzungen, die zweifellos hart und erbarmungslos geworden wären.

Psychologe kann man nicht einfach werden

In der Folge suchte ich nach neuen Wegen. Ich hatte meinen größten Wunsch noch offen: Ich wollte Psychologe, Psychotherapeut und Psychoanalytiker werden. Warum sollte ich nicht alles Vergangene aufgeben und einfach von Neuem beginnen? Selbstverständlich wusste ich, dass die Motivation, Psychologie zu studieren, auch im Wunsch begründet liegen kann, Hilfe zu holen. Ebenso wusste ich, dass dieses Studium gerade diesen Wunsch nicht würde erfüllen können. Im Gegenteil, das psychologische Wissen kann ebenso als Widerstand gegen die psychische Veränderung verstanden werden. Wirkliche Änderung beziehungsweise Heilung kann nicht die Psychologie, die Lehre von der Psyche, sondern bestenfalls die Psychotherapie, die Behandlung der Psyche, bringen.

Psychologe kann man aber nicht einfach werden. Ich war Diplom-Ingenieur und Diplom-Wirtschaftsingenieur, ein voll ausgebildeter Industriemanager. Wie sollte ich die Wende zum Beruf des Psychologen schaffen?

Das Gewissen

Mit Vaters Leiche wurde nicht lange Aufhebens gemacht. Der Sarg wurde zugenagelt. Es war schließlich Frau Grüter, die entschieden widersprach. Sie ließ den Sarg wieder öffnen, um sich vom Vermieter und Arbeitgeber ihres Mannes gebührend zu verabschieden.

Als ich während der Beerdigung am offenen Grab stand und auf den hölzernen Sarg hinunter starrte, empfand ich keine Trauer. Ich hatte Gewissensbisse und wunderte mich ob der fehlenden Gefühle. Erst später sollte ich verstehen, dass es für mich – zur damaligen Zeit – wenig zu betrauern und viel zu beklagen gab.

Ich war sechszehn Jahre alt: – Meine Kindheit war vorbei …!

Formal ja, …

Im Rahmen meiner Tätigkeit als Studentenfunktionär war ich mit verschiedenen Professoren in Kontakt gekommen. Ich hatte gehört, dass am Institut für Pädagogik und pädagogische Soziologie ein Professor Fuchs arbeitete, der im Rahmen der pädagogischen Ausbildung der angehenden Berufsschullehrer ein „Sozialpädagogisches Praktikum“ anbot, das auf der Erstellung von Fallstudien beruhte. Alle Teilnehmer des Praktikums mussten einen Schüler mit Lernschwierigkeiten suchen und über diesen eine differenzierte Fallstudie erstellen. Das bedeutete für jeden Studenten beziehungsweise für jede Studentin, dass sie sowohl den Jugendlichen als auch dessen familiäres Umfeld intensiv erforschen beziehungsweise analysieren mussten. Zudem waren sie verpflichtet, den Jugendlichen Nachhilfeunterricht zu erteilen und Vorschläge für Leistungsverbesserungen zu entwickeln.

Ich war fasziniert. Das war mein Mann! Ich meldete mich noch in der gleichen Woche bei Professor Fuchs zu einem ersten Vorgespräch an. Ich fragte ihn, ob ich bei ihm promovieren könnte.

Der Professor fasste sich kurz und sagte:

„Formal ja, das Arbeits- und Wirtschaftswissenschaftliche Aufbaustudium gehört zur Fakultät für Allgemeine Wissenschaften. Innerhalb der gleichen Fakultät kann man in jedem Fach promovieren, aber, – was hatten Sie für Noten?".

Das bedeutete erstens, dass ich prinzipiell an seinem Institut promovieren konnte. Und zweitens war er der Meinung, dass Studenten mit guten Noten durchaus in der Lage wären, eine Dissertation zu erstellen.

Als ich dem Professor meinen Notendurchschnitt nannte, meinte er trocken:

Das müsste wohl gehen, – das Pech sei nur, dass er keine Stelle habe …

Schließlich war er bereit, mir auf Anfang des Jahres eine halbe Stelle als Hilfswissenschaftler anzubieten. Ich konnte meinen Lebensunterhalt zwar nicht finanzieren, im Gegenteil! Ich hatte aber meinen Fuß zwischen Tür und Angel. Ein halbes Jahr später erhielt ich eine Vollzeitstelle als wissenschaftlicher Mitarbeiter und promovierte nach weiteren vier Jahren, im Alter von dreiunddreißig Jahren, im Fachbereich „Psychologie und Sozialwissenschaften" zum Doktor der Naturwissenschaften.

Damit war ich doch noch Psychologe geworden. Endlich konnte ich mit der Ausbildung zum Psychotherapeuten und Psychoanalytiker beginnen. Und ich dachte:

„Vielleicht lässt sich die Aufarbeitung des Alten mit dem Beginn eines Neuen verbinden."

Die Gruppentherapie

Für zweihundert Mark im Monat wurde ich Teilnehmer einer psychoanalytisch orientierten Gruppentherapie. Dort lernte ich zahlreiche Menschen mit unterschiedlichen Problemen kennen. Ich spürte, wie sich therapeutisches Arbeiten anfühlt und konnte lernen, was psychisches Kranksein bedeutet.

Psychisches Kranksein? Was sind eigentlich psychische Krankheiten? Wie entstehen sie?

Wie entstehen psychische Krankheiten?

Ich lernte, forschte und verstand, dass an der Entwicklung von psychischen Krankheiten in der Regel drei Faktoren beteiligt sind:

Der erste Faktor kann in einer „erbgenetischen Veranlagung" begründet liegen, deren Aufschlüsselung der weiteren Erforschung bedarf. Es sind vor allem die Ergebnisse der Zwillingsforschung, die nahelegen, dass nicht nur einfache und unspezifische Grundschemata vererbt werden, sondern auch sehr differenzierte und komplexe Verhaltensdispositionen.

Als zweiter Faktor lässt sich in der Regel ein mehr oder weniger großes unspezifisch wirkendes „ich-strukturelles Defizit", ein sogenanntes „Loch im Ich" beobachten. Dieses Defizit kann im Rahmen der Gruppendynamik der Primärfamilie vorgeburtlich, geburtstraumatisch oder auch nachgeburtlich entstanden sein. Seine Grösse hat Einfluss auf die Tiefe der ich-strukturellen Störung beziehungsweise auf die Prognose der späteren Behandlung.

Da die Menschen die tatsächlichen Ursachen ihres Unglücklichseins nicht erkennen, pflegen sie ihre persönliche Unzufriedenheit vielfach als Folge der besonderen Umstände zu interpretieren. Sie sind dann eher bereit, die Gesellschaft als Ganzes, die äußeren Wohnbedingungen, die Arbeitskollegen, ein eingeschränktes Einkommen, die Umstände des Arbeitsumfeldes, den Lebenspartner oder den mangelnden Gottesglauben für ihr Unglück verantwortlich zu machen. Sie sind dann eher bereit, sich von der Gesellschaft abzuwenden, von den Partnern zu trennen, die Wohnung zu wechseln, eine neue Arbeit zu suchen oder gar, angesichts der inneren Verirrung, einer Glaubensgemeinschaft beizutreten, – als sich selber in Frage zu stellen.

In der Regel stellt dieses „ich-strukturelle Defizit" eine Widerspiegelung der defizitären Kommunikationsstruktur in der Familie dar.

Der dritte Faktor stellt in der Regel eine „symptomspezifische Lerngeschichte" dar, die bis ins letzte Detail alle Lernbedingungen beziehungsweise Lernfaktoren enthält, die zum funktionalen Verständnis der Entstehung eines bestimmten Verhaltensmusters beitragen. Es scheint, dass sich dabei die Pathologie der Gruppendynamik der Primärfamilie in die Symptomatik der verinnerlichten Psychodynamik verwandelt.

Vermutlich lassen sich alle psychisch auffälligen Reaktionen, seien es nun aggressives Verhalten, verminderte Empathie, Kontrollverlust, psychosomatische Reaktionen, Suchtkrankheiten, Perversionen, kriminelle Verhaltensweisen, Zwangskrankheiten, das Borderline-Syndrom oder letztlich auch die Schizophrenie in dieser Weise erbgenetisch beziehungsweise lerngeschichtlich aufklären und in ihrer speziellen Symptomatik bis ins letzte Detail verstehen.

Was bedeuten diese Erörterungen für mich persönlich? In diesem Sinne kann die psychotherapeutische Arbeit nur heissen, dass die inneren Strukturdefizite im Rahmen einer nachholenden

Ich-Entwicklung in einer „Ersatzfamilie", das heisst in einer familienähnlichen Gruppensituation, aufgearbeitet werden. Dabei stellt die „Einzeltherapie" die kleinstmögliche Art der „Gruppentherapie" dar.

Es bestätigt zweitens, dass der revolutionäre Kampf gegen die politischen Institutionen vielfach in der Motivation begründet liegt, die im Rahmen der Familiensozialisation entstandenen Aggressionen im Rahmen eines gigantischen Übertragungsrituals auszuagieren.

Der erfolgreiche Manager

Mein Freund Hans-Ulrich war nach seinem Studium als Eisenhütten-Ingenieur ein erfolgreicher Industriemanager auf höchster Ebene geworden. Das interessierte mich sehr, weil ich studienmäßig eine ähnliche Ausbildung durchlaufen hatte. Ich fragte mich, was eine unternehmerische Leistung konkret bedeutet. Wie wird man ein erfolgreicher Manager?

Hans-Ulrich war während seines Studiums nie mit außerordentlichen Managerqualitäten aufgefallen. Ich dachte: „Vielleicht braucht es für eine erfolgreiche Managerkarriere ein förderliches Beziehungsnetz, eine persönliche Protektion, ein „goldenes Händchen" oder ganz einfach – Glück …"

Ich wollte es genau wissen. Hans-Ulrich sagte, dass er auf Vorschlag seines Vorgesetzten zum Leiter des Warmbandwalzwerks ernannt wurde. Das Warmbandwalzwerk ist ein Zwischenglied zwischen den Gießereien, die den Stahl produzieren, und den eigentlichen Walz- beziehungsweise Verarbeitungsbetrieben, in denen die Endprodukte hergestellt werden, zum Beispiel Bleche, Drähte, Platten, Röhren, Profile usw. Das Warmbandwalzwerk ist somit das entscheidende Zwischenglied des laufenden Produktionsprozesses.

Der Vorgänger von Hans-Ulrich zeigte sich der Aufgabe, sowohl den laufend erzeugten Stahl abzunehmen, als auch die Bedürfnisse der nachfolgenden Walzwerke zu befriedigen, nicht gewachsen. Er meinte, dass die entsprechenden Vorgaben nicht einzuhalten seien. Immer wieder komme es zu folgenreichen Störungen und Fehlern, zum Beispiel eine Verformung der Walzen, Defekte an Motoren, Pressen und Kompressoren, oder schwere Planungsfehler. In der Regel konnte der Vorgänger nur die Hälfte der vorgegebenen Produktionskapazität erreichen.

Hans-Ulrich machte sich an die Arbeit. Er sprach mit den Mitarbeitern, die an den verschiedenen Stationen der Warmbandstraße arbeiteten und nahm deren Aussagen zu Protokoll. Er verlangte von diesen, über jeden Produktionsunterbruch Buch zu führen und eine Fehleranalyse zu erstellen. In kürzester Zeit zeigte sich, dass nicht die verschiedenen Stationen Engpässe des Produktionsprozesses waren. Es war in erster Linie die Walzenschleifmaschine, die ihre Aufgabe nicht erfüllte. Hans-Ulrich bestellte für dreieinhalb Millionen Euro eine neue. Zudem konnten weitere Fehler behoben werden. Nach wenigen Wochen erreichte das Warmbandwalzwerk die vorgegebene Plankapazität, und nach weiteren sechs Monaten wurde diese um ihr Dreifaches überboten. Plötzlich konnten sowohl die Gießereien den flüssigen Stahl abliefern als auch die verschiedenen Walzwerke das vorgewalzte Material übernehmen. Der Gewinn des Betriebes begann zu explodieren …

Der Erfolg von Hans-Ulrich sprach sich nicht nur im eigenen, sondern in allen Hüttenbetrieben des Ruhrgebietes, herum. Es hieß, dass er es seinen Vorgängern gezeigt hätte. Schon nach kurzer Zeit erhielt er interessante Stellenangebote, die ihn schließlich bis in die obersten Etagen der bedeutendsten deutschen Stahlwerke führten.

Welches waren nun die wirklichen Gründe für Hans-Ulrichs Erfolg? Es waren nicht persönliche Beziehungen oder Protektionen. Es waren auch nicht besondere Zufälle oder ein außerordentliches Glück, die seinen Aufstieg ermöglichten. Es waren in erster Linie die offene Kommunikation mit seinen Mitarbeitern, die systematische Fehleranalyse, das planvolle Vorgehen, die klaren Zielsetzungen und schließlich das entschlossene Durchgreifen, die den Erfolg brachten.

Wichtige Fragen blieben ausgeklammert

In unserer Familie wurde viel geredet, meistens über Gott und die Religionen. Die wichtigsten Lebensfragen blieben aber ausgeklammert. Die Beziehungen innerhalb der Familie, die Schwierigkeiten mit den Halbgeschwistern und deren Ursachen, der Verlust des väterlichen Vermögens, die Abseitsstellung der Eltern in der umgebenden Gesellschaft waren nie Gegenstand weiterführender Erörterungen. Themen wie Liebe, Zärtlichkeit beziehungsweise Sexualität blieben tabu.

Der Übermensch

Anfangs stellte ich mir Menschen, die erfolgreich eine Therapie beenden, als Übermenschen vor. Ich dachte, dass diese stark, hart, selbstbewusst und durchsetzungsfähig seien, also starke Persönlichkeiten geworden wären, die ihre Gefühle gut im Griff hätten beziehungsweise gut kontrollieren könnten. Ich war deshalb sehr überrascht, als ich realisierte, dass die sogenannt gesunden Menschen eher zurückhaltend und vorsichtig waren, dass sie eher einen weichen beziehungsweise sensiblen Eindruck machten und dem Ausdruck ihrer Gefühle mehr Raum einräumten als nicht therapierte Personen. Das war das Gegenteil dessen, was ich erwartet hatte …

Der Pawlow'sche Hund

Es gab noch weitere Fragen, die mich beschäftigten. Einerseits wusste ich, dass viele Eigenschaften vererbt werden, zum Beispiel die Augenfarbe, die Gesichtszüge und bestimmte Persönlichkeitsmerkmale. Die Vererbung legt aber nur die Möglichkeiten beziehungsweise Grenzen der Entwicklung und das Gesamtpotential des späteren Wachstums fest. Wie steht es aber mit den Lernschritten, die zum Beispiel ein Baby im Rahmen seiner Reifung bis zum erwachsenen Menschen nachvollziehen muss? Wie kann aus einem wenig strukturierten Säugling eine äußerst differenzierte Persönlichkeit werden? Irgendwie scheinen die Umwelt und die direkten Bezugspersonen einen wichtigen Einfluss auszuüben. Aber wie?

Anfangs konnte ich mir nicht vorstellen, wie die Reize, die der Mensch mit seinen Sinnen, zum Beispiel mit der Nase, den Augen, den Ohren beziehungsweise dem Tastsinn wahrnimmt, im Gehirn aufgenommen, verarbeitet und schließlich abgespeichert werden. Wie funktioniert das menschliche Gehirn? Wie wird eine Sprache gelernt, und wie lernt man Lesen und Schreiben? Irgendwie und irgendwo müssen die Informationen aufgenommen, verarbeitet und schließlich abgespeichert werden. Ohne das Verständnis dieser Prozesse würde es mir nie gelingen, den Menschen in seinem Werdegang zu verstehen.

Damals, als ich mir diese Fragen stellte, gab es noch keine Computer, die Gehirnprozesse simulieren. Man konnte weder die Informationsverarbeitungsprozesse im lebenden Gehirn beobachten, noch verstehen, was sich in der amorphen Masse der Gehirnwindungen in Wirklichkeit vollzieht. Wie und wo werden die Informationen verarbeitet, die ein Kind während seiner Entwicklung in sich „aufnimmt"?

Als ich an der Universität mit der Aufarbeitung der psychologischen Literatur begann, las ich mich innerhalb weniger Monate durch die ganze Bibliothek hindurch. Dabei wurde ich auch mit der sogenannten „Lernpsychologie“ konfrontiert. Erst konnte ich mit diesem Spezialgebiet der Psychologie nicht viel anfangen. Was sollte es mit dem Lernen, abgesehen vom einfachen Schul- und Auswendiglernen, besonderes auf sich haben? So dachte ich damals. Und warum wurde von diesem so genannten „Pawlow'schen Hund“ so viel Aufheben gemacht?

Dem „Pawlow'schen Hund“ wurde die Absonderung aus den Speicheldrüsen mit einem Röhrchen direkt aus dem Rachen abgeleitet und in einem Glasbehälter aufgefangen. Sobald man dem Hund Futter reichte, begannen seine Drüsen Speichel abzusondern. Dieser floss durch das Röhrchen in das Glas. Auf ein unabhängiges Glockenzeichen erfolgte selbstverständlich keine Speichelproduktion, denn der Glockenklang hatte keinen Einfluss auf die Speichelabsonderung. Warum sollte er auch?

In einem zweiten Versuchsdurchgang wurde dem Hund kurz vor der Futterabgabe ein Glockenzeichen dargeboten. Wie erwartet floss, als das Fressen vorgesetzt wurde, der Speichel in das Gefäß. Selbstverständlich wegen des Futters, nicht wegen des Glockenzeichens. Dieser Vorgang wurde mehrmals wiederholt. Schließlich wurde beim entscheidenden Durchgang nur die Glocke geläutet, ohne das Futter darzureichen! Und siehe da, – der Speichel floss trotzdem!

Was war geschehen? Anscheinend hatte der Hund „gelernt“, dass es nach dem Glockenzeichen Futter gibt. In Erwartung des Futters begannen die Drüsen Speichel abzusondern. Dieser Vorgang lief automatisch ab. Daraus konnte geschlossen werden, dass es zwischen den Sinneszellen, die den Glockenschlag wahrnahmen beziehungsweise identifizierten, den neuronalen Netzwerken, die Erwartungen des Hundes, dass es Futter geben würde, repräsentierten, und den Drüsen, die Speichel absonderten, neuronale Verbindungen geben musste. Der Aufbau solcher Verbindungen nannte man „Konditionierung“ beziehungsweise „Lernen“!

Was kann aus diesen Erkenntnissen geschlossen werden? Das „Lernen“ knüpft, ausgehend von den angeborenen Primärstrukturen, an die bestehenden Lernsequenzen an. Die nachfolgenden Lernschritte bauen hierarchisch auf den vorhergehenden Lernsequenzen auf. Das bedeutet, dass zum Beispiel fehlende beziehungsweise beschädigte Lernsequenzen auf die nachfolgenden Lernstrukturen gravierende Auswirkungen haben, zum Beispiel die Ausbildung von defizitären Lernsequenzen beziehungsweise eines sogenannten „Loch im Ich“.

Das war der Durchbruch! Mit einem Schlag wurde mir die Tragweite des Experiments bewusst. Mit jeder Koppelung von bestimmten Ereignissen, die gleichzeitig in Erwartungen eingebettet sind, werden zwischen den Nervenzellen und anderen neuronalen Netzwerken Verbindungen hergestellt. Es ist wie beim Computer. Bei diesem werden die Informationen mittels zweier Zeichen gespeichert. Der Computer merkt sich entweder eine Eins oder eine Null. Im Gehirn ist es ähnlich. Entweder wird eine Verbindung hergestellt oder eine Blockierung enthemmt, beziehungsweise, die Verbindung wird nicht hergestellt oder eine bestehende Verbindung blockiert. Anhand dieser Prozesse ist der Mensch in der Lage, Informationen aus der Umgebung aufzunehmen und im Gehirn abzuspeichern. Anhand dieses Mechanismus wird er in die Lage versetzt, aus Erfahrungen in der Umwelt zu lernen und sich der Umgebung anzupassen. Als Fazit kann geschlossen werden, dass sich der Mensch in Wechselwirkung mit seinen Erbanlagen und der konkreten Umwelterfahrung zu dem entwickelt, was er ist, nämlich zu einer eigenen und unverwechselbaren Persönlichkeit.

Nebel im Gehirn

Meine Gruppentherapie hatte vieles verändert. Erstens stärkte sie mein Selbstvertrauen. Ich wurde reifer und selbstsicherer. Zudem konnte ich im Rahmen der Behandlung verschiedene Entwicklungsschritte durchlaufen und wichtige Einsichten gewinnen: Nachdem ich durch die beiden Ingenieurdiplome meine eigentliche Identität „verraten“ und die Beziehung zu meinem „Ich“ verloren hatte, konnte ich nach weiteren zwei Jahren meine seelische „Wiedergeburt“ feiern.

Als zweites legte die Psychotherapie den Grundstein für meine spätere Berufsidentität: Der Tätigkeit als Gruppendynamiker, Psychotherapeut und Psychoanalytiker.

Und drittens erlaubte sie eine umfassende Auseinandersetzung mit meinen Eltern. Es war, als ob ich früher einen dichten „Nebel“ im Gehirn gehabt hätte. Über vieles hatte ich noch nie nachgedacht. Was ich früher erlebt hatte, schien mir normal, obwohl es gar nicht normal war. Zudem fehlten Vergleichsmöglichkeiten. Die therapeutischen Gespräche brachten neue Fragestellungen und neue Beurteilungskriterien. Das war ein Befreiungsschlag ...!

Die Fussreflexzonen-Massage

Hin und wieder fuhr ich mit meinem „Käfer“ in die Schweiz. So auch dieses Mal. Die Mutter war aufgeregt, nicht wegen meines Besuchs, sondern wegen eines Mannes aus der Versammlung, der sich zum Fußreflexzonen-Masseur hatte ausbilden lassen. Die Mutter war begeistert, und so kamen der Reihe nach alle Familienmitglieder, Besucher und ich selber „unter die Hand“. Ich setzte mich auf den Stuhl und streckte dem „Helden“ meine Fußsohle entgegen. Er griff in eine hochrandige, runde Blechdose und strich sich eine Portion Melkerfett an die Finger. Das sei die beste Paste. Dann begann er meine Sohle zu massieren. Er strich der Ferse entlang, wo es leicht schmerzte, dann unter der Fußsohle hoch und hinunter, den Zehen entlang seitwärts hin und her und gab schließlich die Diagnose: Fast gesund, nur einige Probleme mit der Familie!

Der Fussreflexzonen-Masseur wurde wie ein „großer Mann" gefeiert. Erstaunlich! Da brach doch plötzlich etwas ganz und gar Psychophysisches in die vormals vergeistigte Religionsgemeinschaft hinein. Die Neuheit drohte Mutters „Heilige Welt" aus den Angeln zu hebeln.

Ich war beeindruckt und telefonierte auch Hermann Burger, dass er sich der Prozedur unterziehen möge. Er kam und sackte ohnmächtig zusammen. Er wurde vom Schmerz überwältigt. Die Reaktion überraschte mich sehr und bestätigte meine Vermutung, dass Hermann psychisch labil war.

Einige Wochen später, bei meinem nächsten Besuch, lag im Flur ein merkwürdiges „Buckelbrett", das die mühsame Kneterei mit den Händen ersetzen sollte. Man sollte mit nackten Füssen auf dem „Buckelbrett" herumtreten und dabei die Fußsohlen massieren. Rosmarie, unsere Hausangestellte, demonstrierte die Verfahrensweise und meinte entsprechend, dass man langsam und vorsichtig dem Schmerz nachspüren sollte. Der Schmerz könne aber groß werden und bei ungestümem Vorgehen Schaden anrichten. Selbstverständlich war ich neugierig, entledigte mich meiner Schuhe und trat entschlossen auf das „Buckelbrett". Zu meinem Erstaunen spürte ich keine Schmerzen. Im Gegenteil, ich empfand ein wohliges Gefühl und wurde immer dreister. Schließlich hüpfte ich wild entschlossen auf dem „Buckelbrett" herum, ohne Schmerzen oder Ängste zu verspüren. Die Anwesenden waren ob meines forschen Vorgehens erstaunt. Ich aber sagte:

„Ich bin gesünder als ihr alle zusammen".

In diesem Augenblick wurde mir bewusst, dass meine etwas hochmütige Bemerkung durchaus seine Richtigkeit hatte. Nach über zehn Jahren Psychotherapie war ich möglicherweise gegen solche Herausforderungen besser gewappnet als meine Familienangehörigen.

Einige Monate später war sowohl das „Buckelbrett" als auch der vermeintliche „Heiler" verschwunden. Die näheren Umstände seiner überraschenden Absenz sollte ich nie erfahren.

Trotzdem brachte mir dieses Ereignis eine wichtige Erkenntnis und markierte einen entscheidenden Wendepunkt. Vermutlich waren es nicht meine Eltern, die in wichtigen Fragen recht behielten, sondern eher ich selber!

Der Jüngste der Familie

In dieser Zeit pflegte ich viele Beziehungen. Es war, als ob ich an den Brüsten meiner Freundinnen meine Zärtlichkeitsdefizite kompensieren könnte.

Nachdem ich so viele Freundinnen enttäuscht hatte, begann ich mich, nicht zuletzt wegen der Therapie, langsam zu verändern. Einerseits begann ich tiefer zu empfinden. Ich lernte plötzlich zwischen gewöhnlichen Kollegen, liebenswerten Kameraden und echten Freunden zu unterscheiden. Kameradschaften blieben zunehmend unverbindlich, während sich Freundschaften zu echten Lebensfreundschaften entwickelten. Freundschaft und Liebe wurden zu existentiellen Erfahrungen.

Zweitens spürte ich das Bedürfnis, mich mit meinen Mitmenschen intensiver zu unterhalten. Ich genoss die Gespräche und entdeckte, dass deren Geschichten interessant und spannend waren.

Des Weiteren wurde mir bewusst, dass die damalige Kehrtwende zum politischen „Linken" nicht allein durch das amerikanische Eingreifen in Südvietnam bewirkt worden war. Das amerikanische Vorgehen in Südostasien fand ich zwar immer noch verbrecherisch. Es basierte auf schwerem Unrecht einem tapferen Volk gegenüber. Es gab aber weitere Gründe, die diese Wende bewirkten. Ich lebte in Westdeutschland, das zwanzig Jahre nach dem Zweiten Weltkrieg immer noch von autoritären Strukturen geprägt war. Das

Aufbegehren der „Achtundsechziger" entsprach einer aggressiven Auflehnung der ersten Nachkriegsgeneration gegen die autoritär geprägte Vorkriegsgeneration. Einen dritten Grund fand ich in mir selber. Früher war ich mit der „Welt der Väter" identifiziert. Nach der Wendung zur politischen „Linken" fand ich meine Sympathien für die „Schwachen". Das war nicht Zufall. Die Hinwendung zur „Linken" entsprach meinem Status als „Jüngster" der Familie, einer Familie, die christlich fundamentalistisch und autoritär patriarchalisch geprägt war.

Die Seelsorgerin

Mit dem Tod meines Vaters begann sowohl für mich persönlich als auch für meine Familie als Ganzes ein neuer Lebensabschnitt. Es war, als ob meine Mutter endlich den „Knopf aufmachen" könnte. Sie begann ihr Leben neu zu strukturieren. In der Organisation der „Versammlung" oblagen ihr die Sekretariatsarbeiten, und langsam wuchs sie in die Rolle der gemeindeeigenen „Seelsorgerin" hinein.

Andererseits war es mit unserem Familienleben endgültig vorbei. Der Vater hatte die Familie noch notdürftig zusammengehalten. Nach seinem Ableben fehlte die integrierende Kraft. Der Kristallisationspunkt war verloren gegangen. Die Familie fiel buchstäblich auseinander. Die Mutter hatte nicht die Fähigkeit, ein familiäres Zusammensein zu organisieren. Wenn die Familie früher die langen Winterabende gemeinsam verbracht hatte, der Bruder beim Eisenbahn spielen, die Schwester ein Buch lesend, der Vater in der Zeitung blätternd und die Mutter die Bibel studierend, während der Kanarienvogel über unseren Köpfen seine Runden drehte, oder wenn man gemeinsam Gesellschaftsspiele wie „Elferraus" oder „Mensch ärgere Dich nicht" spielte, blieb nach Vaters Tod nur Langeweile zurück.

In der Folge kümmerte sich meine Mutter vermehrt um die „Versammlungsangelegenheiten". Da die meisten Gläubigen ihren „Zehnten", das heißt, zehn Prozent ihres Monatseinkommens, ablieferten, verfügte sie jeden Monat über einen beträchtlichen Geldbetrag. Von diesem bezog sie erstens ihren Lohn und finanzierte zweitens in den Bergen ein komfortables Ferienhaus. Dieses war sowohl für die Erholungssuchenden aus der „Versammlung" als auch für sie und den Prediger gedacht. Den Rest des anfallenden Geldes stellte sie notleidenden oder sonst wie bedürftigen Menschen zur Verfügung. Damit sorgte sie für eine karitative Umverteilung. Durch diese Aufgabe, vor allem durch die seelsorgerische Betreuung der Gemeindemitglieder, wurde sie, insbesondere nach dem plötzlichen Ableben des Predigers, zur wichtigsten Person der „Versammlung". Ohne ihre Zustimmung konnte nichts mehr geschehen. Dabei nahm sie ihre Verantwortung mit größter Umsicht und Güte wahr.

Die Wolfskinder von Midnapore

Was ist das Wesen des Menschen? Ist der Mensch, wie es die Religionen behaupten, etwas Besonderes, Außerordentliches, das über den Naturgesetzen steht? Oder ist er möglicherweise „nur" ein Abkömmling von „wilden Tieren", wie das Charles Darwin schrieb?

Die Entwicklung des Menschen wird durch das „erbgenetische" Programm gesteuert. Ein Mensch kann nur werden, was ihm im Rahmen der genetisch vorgegebenen Grenzen möglich ist.

Die Rahmenbedingungen sind aber weit gesteckt, weil sich der Mensch an verschiedene Umwelten anpassen muss. Zwischen dem Lernen und den genetischen Ausgangsbedingungen gibt es komplexe Wechselwirkungen. Erstens beruhen die Lernschritte auf genetisch vorgegebenen Programmen. Andererseits wirken die einzelnen Lernschritte auf diese Programme zurück. Das bedeutet, dass die Reifung eines Individuums je nach Umweltbedingungen in verschiedene Richtungen hin verlaufen kann.

Diese These lässt sich anhand der Berichte über die sogenannten „Wolfskinder" beziehungsweise „Affenmenschen" eindrücklich bestätigen. Es gibt spektakuläre Aufzeichnungen über Menschen, die zum Beispiel in Affen- beziehungsweise Wolfsfamilien oder bei anderen Tieren aufwuchsen. Diese Aufzeichnungen wirken wegen ihrer Detailgenauigkeit authentisch. Sie können aus Sicht eines Lernpsychologen nicht erfunden werden.

Besonders hervorzuheben ist hier das Tagebuch des indischen Missionars J. A. L. Sing über die „Wolfskinder von Midnapore". In diesem Bericht wird das Auffinden und Verhalten der „Wolfskinder" „Amala" und „Kamala" exakt beschrieben. Der Missionar hält fest, dass sich die Kinder, die vermutlich schon als Kleinkinder von Wölfen „verschleppt" worden waren und mehrere Jahre in einem „Wolfsbau" verbracht hatten, an das Nachtsehen gewöhnt hatten. Ihre Augen leuchteten im Widerschein einer Lichtquelle, wie das bei nachtaktiven Tieren meistens selbstverständlich ist. Auch die Verdauungsvorgänge und die Zähne hatten sich entsprechend der veränderten Lebensbedingungen umgebildet. Die Eckzähne der „Wolfskinder" waren grösser entwickelt als bei normalen Kindern, und die Verdauungsorgane konnten gekochtes Fleisch oder abgekochte Milch nicht verdauen. Zudem liefen sowohl die „Wolfskinder" als auch das „Affenmädchen" auf „allen Vieren". Ihre Hüftgelenke ließen den aufrechten Gang nicht mehr zu. Diese von Tierfamilien geprägten Kinder konnten sich mit normalen Menschen nicht mehr verständigen. Sie stießen unverständliche Laute aus, als ob sie nur mit Tieren kommunizieren könnten.

Die Reintegration der „Wolfskinder" in die menschliche Gesellschaft war nicht mehr möglich. Die vom Menschen abweichenden körperlichen und psychischen Prägungen konnten nicht rückgängig gemacht werden. Die „Wolfskinder" starben schließlich an Infektionskrankheiten, gegen die sie keine Immunität aufgebaut hatten, während das „Affenmädchen", das im Alter von vier Jahren im Urwald ausgesetzt worden war und etwa vier Jahre in einer Affenfamilie „überlebt" hatte, in die menschliche Gemeinschaft zurückfinden konnte.

Was bedeuten diese Ergebnisse? Sie bedeuten, dass man unter entsprechenden Bedingungen aus neu geborenen Kindern durchaus „wolfsgeprägte" oder „affengeprägte" Kinder „machen" kann. Wenn wir das Beispiel auf die menschliche Sozialisation übertragen, kann das heißen, dass man zum Beispiel aus normalen Babys durchaus "schwierige Kinder" oder gar „nicht resozialisierbare Außenseiterkinder" „machen" kann. Die Berichte deuten schließlich darauf hin, dass die Menschen mit den Affen, Wölfen oder anderen Säugetieren „näher" verwandt sind als wir allgemein annehmen. Und es bedeutet letztlich, dass die Erziehung und das Erziehungsmilieu für die Entwicklung des Menschen von größter Wichtigkeit sind.

Warum gibt es überhaupt etwas?

Die Bilder, die sich unsere Vorfahren von Göttern machten, wechselten ständig. Vor Tausenden von Jahren waren es Leoparden und Schlangen, die zu Göttern stilisiert wurden. Die Ägypter verehrten neben der Sonne auch Krokodile, Katzen und Hunde. Die Griechen hatten einen ganzen Pantheon an Göttern, für jedes Gefühl einen, insgesamt mehr als fünfzig, seien es nun Tiere, Planeten oder auch Menschen! Und die Römer kamen nicht umhin, diese umzubenennen. Aus Zeus wurde Jupiter, aus Hera Zuno und aus dem Kriegsgott Ares wurde der Kriegsgott Mars. Den Fantasien waren keine Grenzen gesetzt. Es erstaunt deshalb nicht, dass es viele Götter gab. Es erstaunt aber umso mehr, dass es überhaupt Götter gab … Warum gibt es Götter?

Die Frage war von großer Bedeutung. Sie blieb nicht nur bei Gott und dem Glauben stehen. Wenn es nicht Gott war, der die Welt erschuf, – wer denn? Wo war der Anfang, wo das Ende? Wie waren zum Beispiel die Erde und die Sonne entstanden? Schließlich stellte sich auch die Frage des menschlichen Geistes beziehungsweise des Charakters der Materie. Was stand am Anfang: Gott oder das Atom? Und wenn man schon am Fragen ist: Warum gibt es überhaupt „etwas"? Warum nicht einfach „nichts"?

Es gab nicht nur diese Schlüsselfrage: „Gibt es Gott oder gibt es ihn nicht?", sondern viele Schlüsselfragen. Eigentlich waren alles Schlüsselfragen. Alle Fragen mussten beantwortet werden.

Die Kündigung

Der Tod meines Vaters hatte zahlreiche Konsequenzen. Erstens war der Weiterbetrieb des Betriebes in Frage gestellt. Da die Familie von etwas leben musste, führte die Mutter das väterliche Geschäft in eigener Regie weiter, was insbesondere Herr Grüter nicht goutieren mochte. Obwohl er zum Geschäftsführer ernannt wurde und einen entsprechend Lohn beziehen konnte, fühlte er sich in seinem Bestreben, ein eigenes Geschäft zu besitzen, hintergangen.

Nach wenigen Wochen flatterte seine Kündigung ins Haus. Herr Grüter hatte sich entschlossen, mit seiner Familie nach Hamburg umzuziehen.

Israel und sein Mythos

Zum 75. Geburtstag schenkte ich meiner Mutter einen Flug nach Israel. Damit konnte sie sich ihren größten Wunsch erfüllen: Auf den Spuren von Jesus durch das „Heilige Land" zu ziehen … Nach Hause zurückgekehrt, blickte sie in meine Augen und sagte: „Kurt,

Du wirst sehen, Israel wird die besetzten Gebiete nie mehr zurückgeben" …

Ich war schockiert und dachte: „Meine Mutter denkt in Mythen, weil sie selber in Mythen lebt". Auch die Israelis glauben an Mythen, an den Mythos des „auserwählten Volkes" und an den Mythos der „göttlichen Verheißung". Ohne diese Mythen würde es keinen Staat „Israel" geben.

Jedes Volk hat seine Mythen. Alle Völker sind „auserwählte Völker". Auch die Schweiz pflegt ihre Mythen: „Wilhelm Tell", „die Schlacht bei Morgarten", „Winkelried" …

Und die Palästinenser? Wer sind die Palästinenser? Auch die „Vertreibung der Juden aus dem Staat Israel" ist ein Mythos. Die Vertreibung galt nur für die Stadt Jerusalem. Die Bewohner des umliegenden Landes sind nicht vertrieben worden. Die Palästinenser, die heute Mohammedaner sind und von den Israelis so schwer gedemütigt werden, sind zum größten Teil die Nachkommen der jüdischen Urbevölkerung. Sie haben nachweislich mehr „jüdisches" Blut als die Bevölkerung von Israel. Verschiedene Familien erinnern sich noch heute an die jüdischen Rituale, die sie im Geheimen weiter zelebrieren.

Mythen sind integrierend und identitätsstiftend. Sie vereinen das Volk und vermitteln Identität. Mythen sind aber nur zum Teil richtig. Sie sind Märchen. Auf dem Boden von Märchen kann man keinen Staat bauen. Im Namen von Mythen wird Leid und Unrecht erzeugt. Man muss die Mythen hinterfragen, um Frieden zu schaffen. Das gilt auch für den „israelischen Staat".

Es war ihr erster Flug gewesen. Sie meinte, sie hätte großes Glück gehabt, das Wetter sei immer schön gewesen, – über den Wolken …

Schüler von Günter Ammon

In dieser Zeit wuchs etwas heran, was mich sowohl im Rahmen meiner Psychotherapie als auch beruflich immer stärker faszinierte: Die Gruppendynamik! Ich erkannte, dass diese für das Verständnis des menschlichen Zusammenlebens von größter Bedeutung ist. Alles, was den Menschen bewegt, spielt sich in Gruppen ab und ist durch deren Dynamik bestimmt.

Der erste Psychoanalytiker, der diese Sätze formulierte und seine Aufmerksamkeit konsequent auf die Gruppendynamik lenkte, war der Berliner Psychiater und Psychoanalytiker Dr. med. Günter Ammon. Dieser hatte sich nach dem zweiten Weltkrieg mehrere Jahre in Amerika aufgehalten und an der „Menninger School" die theoretischen Grundlagen der Gruppendynamik beziehungsweise Gruppenpsychotherapie studiert. Nach der Rückkehr nach Deutschland wollte er seine Erfahrungen in die Praxis umsetzen. Das war meine Chance. Ich beschloss, mich in München um die Aufnahme in sein „Lehr- und Forschungsinstitut" zu bewerben. In der Folge wurde ich Schüler von Günter Ammon.

Der Versprecher

Die Aussicht, einmal Therapeut zu werden, schien in weite Ferne gerückt. Eines Tages machte ich im Rahmen einer Therapiesitzung einen vielsagenden „Versprecher". Anstelle des Wortes „Psychologe" verwendete ich das Wort „Psychotherapeut". Mein Therapeut wurde aufmerksam. Er hielt inne und fragte:

„Was bedeutet dieser Versprecher? Wollen Sie Psychotherapeut werden?"

In diesem Augenblick sah ich durch das Fenster hindurch einen dünnen Lichtstreifen aufblitzen. Vermutlich war es eine optische Täuschung, die durch meine aufgewühlten Gefühle ausgelöst wurde. Völlig überraschend hatte sich die Türe zu meiner Zukunft aufgetan.

Bis zu diesem Augenblick lebte ich in der ungewissen Vorstellung, dass ich einmal als Gießereiingenieur arbeiten würde. Was hätte ich anderes tun sollen?

Gießen ist eine Kunst

Eigentlich war ich trotz der düsteren Berufsaussichten stolz auf meinen „Beruf". In einer Gießerei treffen Urgewalten aufeinander. Es ist erstaunlich, dass es in der hochtechnisierten und auf Sauberkeit getrimmten Welt tatsächlich noch Verfahren gibt, die an historische Zeiten erinnern. Es riecht nach beißenden Schwefeldämpfen, es knattern gleißende Lichtbögen in vorsintflutlich anmutenden Schmelzöfen, es stieben Funkenfontänen durch den Raum, es hängen Rauchschwaden und dunkle Rußwolken in der Luft und es dröhnen Eisenhämmer durch die zugigen Hallen. Gießen ist ein Verfahren, das schon im Altertum erfunden wurde:

Man nehme etwas mit Öl verklebten Sand und stampfe ihn zu einer zähen Masse. Man drücke ein Holzmodell, das die Form des späteren Gussstücks hat, in den Sand. Dann wird die zweite Schicht Sand als Deckel auf das Modell aufgetragen und ebenfalls festgestampft. Wenn der obere Teil abgehoben, das Modell entfernt, der Deckel wieder aufgesetzt und eine Öffnung in den Sand geschnitten wird, ergibt sich daraus eine fertige Gussform, die mit flüssigem Eisen oder Stahl gefüllt werden kann. Nach der Abkühlung wird das Gussstück aus dem zerbröselnden Sand gezogen und gereinigt, – und schon ist das Kunstwerk vollbracht!

Gießen ist eine Kunst. Die kleinsten Fehler in der Zusammensetzung des Sandes beziehungsweise des Eisens, in der Herstellung der Formen beziehungsweise der Kerne können das Gussstück zerstören. Dann sind es möglicherweise nicht nur Kilogramme, die „in den Sand gesetzt“ werden, sondern Tonnen von Stahl.

Günter Ammon

In der Folge machte ich im Münchner „Lehr- und Forschungsinstitut“ die Ausbildung zum Gruppendynamiker, Psychoanalytiker, Psychotherapeuten und Gruppenpsychotherapeuten.

Günter Ammon gründete neben seinen Ausbildungsinstituten in Berlin, München und Düsseldorf eine „Dynamisch-Psychiatrische Klinik“ in München, eine Fachzeitschrift mit dem Namen „Dynamische Psychiatrie“, einen wissenschaftlichen Zeitschriften- und Buchverlag und mehrere Fachgesellschaften. Viele Menschen, sowohl Ausbildungskandidaten als auch ehemalige Patienten, absolvierten im Rahmen seiner Institutionen weiterführende Aus- und Fortbildungsgänge.

Ammon blieb in Deutschland trotz seiner zukunftweisenden Aktivitäten, seiner ungebändigten Innovationskraft und den unbestreitbar wissenschaftlichen Erfolgen in einer Außenseiterrolle. Einerseits wurden seine unkonventionellen Vorstellungen insbesondere von Seiten der traditionellen Fachgesellschaften abgelehnt. Andererseits mochten seine kompromisslose Haltung, sein unbedachtes und eigensinniges Verhalten bewirkt haben, dass er von den maßgebenden psychiatrisch-psychologischen Kreisen nie wirklich akzeptiert wurde. Trotzdem setzte Ammon ein deutliches Zeichen. Er hatte zeitlebens die Forderung der Psychoanalytiker, die Psychoanalyse in die psychiatrische Behandlung zu integrieren, verfolgt und anhand einer eigenen Klinik realisiert.

In der „Dynamisch Psychiatrischen Klinik Menterschwaige“ in München werden die Patienten nicht einfach mit Medikamenten versorgt und so schnell wie möglich wieder entlassen. Für jeden Kranken wird ein individueller Behandlungsplan erstellt. Kein Aufwand schien zu groß, um jedem Patienten im Rahmen der gegebenen Möglichkeiten die beste Behandlung zukommen zu lassen. Die Patienten bleiben in der Regel über mehrere Monate lang hospitalisiert. Dabei kann jeder eine Einzeltherapie, eine Gruppentherapie und ein milieutherapeutisches Setting in Anspruch nehmen. Im Rahmen der Einzeltherapie können die Patienten eine persönliche Beziehung zu ihrem Therapeuten aufbauen. In der Gruppentherapie lernen sie, sich im Rahmen von Gruppen mit anderen Menschen konstruktiv und differenziert auseinanderzusetzen. Gleichzeitig stellt die Gruppe eine gefühlsmäßig stabile innere „Heimat" dar. Und in der Milieutherapie können die Patienten an sinnvollen Aufgaben arbeiten und anhand der erreichten Ergebnisse motivierende Erfolge erzielen.

Die Formel von Einstein

Es blieben noch weitere Fragen zu beantworten, – die Wichtigsten!

„Warum gibt es überhaupt „etwas", warum nicht einfach „nichts"? Und warum gibt es überhaupt Religionen?"

Alle bisherigen Überlegungen konnten nicht mit letzter Sicherheit erklären, warum es überhaupt Materie gibt. Wenn es möglich ist, das Wesen des Lebendigen zu verstehen, so blieb mir das Wesen der Materie trotzdem verschlossen. Anscheinend musste aus dem sogenannten „Nichts" plötzlich etwas Materielles entstanden sein. Was ist das Wesen der Materie?

Es war schließlich die Formel von Albert Einstein, an die ich mich erinnerte.

Als ich realisierte, was die Formel „$E = m \times c^2$" eigentlich bedeutet, machte es plötzlich „Klick". Ich war bestürzt. Die Masse, etwas Materielles, sollte gleich Energie, etwas Nichtmaterielles, sein! Das scheint ein Widerspruch in sich zu sein, der sich aber sofort auflöst, wenn man das Wesen der Materie versteht. – Da stand doch schwarz auf weiß, mittels weniger Zeichen und Symbole, – die Lösung des Problems!

Das war äußerst aufregend, – wie das „Lesen lernen". Die Formel von Einstein stellt eine Beziehung zwischen dem sogenannten „Etwas" und dem sogenannten „Nichts" her. Der Buchstabe „E" bedeutet Energie, und das Symbol „m" bedeutet Masse. Die beiden Begriffe sind miteinander mit einem Gleichheitszeichen verbunden. Das heißt, dass Masse und Energie rechnerisch gesehen das Gleiche darstellen, dass Masse und Energie nur verschiedene Zustände des gleichen Grundgeschehens sind: Aus Energie kann Masse werden, zum Beispiel im Bereich des „Urknalls", und umgekehrt: Masse wird zu Energie, zum Beispiel bei einer Atombombenexplosion. Zweitens kann aus der Formel abgeleitet werden, dass einem relativ kleinen Quantum Masse ein relativ großes Quantum Energie gegenübersteht. Das heißt: Aus viel Energie kann wenig Masse, – oder umgekehrt, aus wenig Masse kann viel Energie werden. Damit wurde der Gegensatz zwischen Masse und Energie aufgelöst. Meine Gedanke waren nun folgende:

Anscheinend gibt es zwischen dem Wellenzustand und dem Teilchenzustand einen unlösbaren Widerspruch. Es gibt aber keinen Widerspruch. Der Widerspruch löst sich auf, wenn man annimmt, dass der Teilchenzustand, das heißt der Zustand der Materie, nur eine besondere Art des Wellenzustandes darstellt. Das bedeutet, dass die Erscheinungsweise der Materie aus einer irgendwie gearteten Wellenkonklusion besteht, dass eine Verwirbelung, eine Friktion energiereicher Wellen mit unterschiedlichen Wellenlängen in einem entsprechenden Energiefeld zu den charakteristischen Eigenschaften der Materie führt.

Ich denke, dass es in der Kernforschung in Zukunft weniger um den Nachweis weiterer „Teilchen", sondern mehr um den besonderen Charakter der Verschlingung von verschiedenen Wellenformationen geht. Das bedeutet, dass es bei der Lösung der „letzten

Fragen“ weniger um Fragen der Teilchenphysik, sondern mehr um Fragen der Wellentheorie gehen wird.

Die „Unschärferelation“ von Werner Heisenberg besagt, dass Ort und Zeitpunkt eines Teilchens nicht gleichzeitig gemessen werden können. Tatsächlich offenbaren sich Photonen, also Lichtteilchen, sowohl als Teilchen als auch als Wellen. Wenn man die Lichtteilchen nicht beobachtet, verhalten sie sich wie Wellen. Wenn man sie aber beobachtet, das heißt mit Lichtwellen „beleuchtet“, erscheinen sie plötzlich als Teilchen. Möglicherweise schneiden sich die verschiedenen Wellenbahnen mit unterschiedlich ausgerichteten Wellenlängen, bilden gemeinsam komplex organisierte Wellenkonklusionen, die plötzlich eine gewisse Stabilität erlangen und als Materieteilchen in Erscheinung treten. Das Entscheidende dabei ist, dass es möglicherweise gerade diese wenigen oder gar einzigartigen „Konklusionsmöglichkeiten“ sind, die durch ihre „dynamische Stabilität“ zufällig „überleben“ und zum Ursprung der kosmischen Entwicklung werden, während alle anderen Varianten wieder zerfallen.

Mikro- und Makroregelkreise

Vermutlich entwickeln sich in einem Energiefeld mehrere ringförmige Wellenbahnen, die sich zu stabilen Regelkreisen verschränken und entsprechend Atome bilden. Neben diesen Mikro-Regelkreisen gibt es möglicherweise auch Makrokreise, die ganze Kontinente, Sternsysteme oder den ganzen Kosmos umfassen. Auf solchen in sich geschlossenen Regelkreisen gibt es keine festen Punkte, auf denen sich sowohl Ort und Zeitpunkt erfassen ließen.

Man kann deshalb annehmen, dass schon die einzelnen Atome stabile Regelkreise, im eigentlichen Sinne sich selbst erhaltende kybernetische Systeme und damit die ersten „lebendigen“ Strukturen darstellen. Das Leben beginnt also nicht erst bei den komplex organisierten organischen Strukturen, sondern schon auf der Stufe der Atome, sofern man das Leben als „quasistabilen Zustand eines geregelten Bewegungssystems“ auffasst.

Jedes Atom besteht aus einem stabilen Kern und einer diesen Kern umfassenden Elektronenhülle. Und jedes Atom kann unter klar definierten Umständen mit anderen Atomen interagieren und entsprechend organische beziehungsweise anorganische Verbindungen bilden.

Daraus kann man folgern, dass man das Wesen der Materie als besondere Form der Energie auffassen kann, und dass damit die Frage nach dem „Sein“ oder dem „Nichtsein“ der Materie halbwegs beantwortet werden kann.

Warum gibt es überhaupt „etwas“? Und – warum gibt es nicht einfach „nichts“? Ich dachte, dass der Unterschied zwischen dem „Etwas“ und dem „Nichts“ nicht mehr groß sei:

„Wellen, die sich mit gegenläufigen Wellen decken, heben sich wieder auf. Sie werden wieder zu „Null“! Die Existenz von „Etwas“ beginnt also dort, wo sich ein „Nichts“ in eine positive und negative Erscheinungsform aufspaltet, zum Beispiel in eine positive und negative Welle beziehungsweise in Materie und Antimaterie. Wenn sich diese wieder vereinen, heben sie sich gegenseitig wieder auf. Sie werden wieder zu „Null“ …“

Der Baumeister des Lebens ist der Zufall

Mit diesen Gedankengängen lassen sich auch die Fragen nach dem „Sinn des Lebens“ besser beantworten: Unser Dasein hat keinen „Sinn“, es sei denn, wir schreiben ihm selber einen Sinn zu. Es gibt keinen verborgenen „Willen zu höheren Strukturen“ beziehungsweise keinen inhärenten „Willen zu höher organisierten Lebensformen“, wie es Schopenhauer zu sagen pflegte. Das Leben ist weder sinnvoll noch zielgerichtet. Der Baumeister des Lebens ist der „Zufall". Aus Wellenkonklusionen haben sich „rein zufällig" stabile Regelkreise gebildet. Diese haben wegen ihrer Stabilität überlebt. Alle anderen Strukturen, die sich gleichzeitig milliardenfach spontan entwickelt haben, lösen sich wieder auf. Nur zufällig entstandene höhere Strukturen, zum Beispiel Atome beziehungsweise Moleküle haben gegebenenfalls unter besonders günstigen Umweltbedingungen überlebt und erste Lebensformen entwickelt.

Vielleicht geschah am Anfang und geschieht immer noch ein stetes Auseinanderdriften und Ineinanderstürzen von Energiefeldern, die miteinander interagieren und entsprechend Materie bilden.

Man könnte weiter folgern, dass es nicht nur einen einzigen Kosmos und nicht nur einen einzigen Urknall gegeben hat. Vermutlich gibt es nicht nur einige Monde, sondern Milliarden von Monden, nicht nur wenige Planeten, sondern Milliarden von Planeten, nicht nur Milliarden von Sonnen, sondern Abermilliarden von Sonnen, nicht nur Milliarden von Spiralnebeln, sondern Abermilliarden von Spiralnebeln und möglicherweise gibt es nicht nur einen einzigen speziellen Kosmos, sondern unzählige weitere spezielle Kosmen. Ich bin überzeugt, dass man bald verstehen wird, wie es zum Urknall gekommen war.

Nur Hypothesen

Selbstverständlich sind diese Gedanken nur Hypothesen, – meine Hypothesen! Mein Verständnis hatte aber einen Stand erreicht, der mich befriedigte.

Es war nicht mehr nötig, alles zu verstehen. Es genügte, wenn ich mir vorstellen konnte, dass alles, was heute existiert, irgendwie aus naturgesetzlich bestimmten und komplexen Prozessen heraus entstanden ist.

Ein Tag

Die letzten Ausbildungsjahre waren durch Arbeit und Lernen bestimmt. Ammon verlangte viel. Ich dachte:

„Ich werde alles mitnehmen, was ich bei ihm lernen kann."

Jeden Morgen fuhr ich trotz steter Übermüdung gegen acht Uhr dreißig mit meinem „Käfer" über den „Mittleren Ring" zum Institut der Technischen Universität. Ich öffnete mein Büro, um meine Anwesenheit zu dokumentieren. Einige Minuten später wechselte ich in mein Café, wo ich im Rahmen eines feststehenden Rituals mein tägliches Frühstück einnahm. Seit Jahren wurde mir, dem sogenannten „Frühstücksmenschen", diskret und wortlos das Frühstück gereicht: Eine Tasse Kaffee, ein gekochtes Ei, eine Semmel mit Butter und Marmelade, und dazu, – absolut zwingend, – die „Süddeutsche Zeitung"!

Um neun Uhr dreißig saß ich wieder in meinem Büro, um an der Dissertation zu arbeiten oder Sprechstunden abzuhalten.

Gegen Mittag traf sich eine Gruppe „verschworener" Mitarbeiter, um beim „Griechen" oder „Jugoslawen" ein einfaches Mittagsmahl einzunehmen. Am Nachmittag gab es weitere Seminare durchzuführen, Sprechstunden abzuhalten oder andere Arbeiten zu erledigen.

Gegen vier Uhr nachmittags packte ich meine Sachen und schlich aus meinem Büro, um zur „Münchner Freiheit" zu gelangen, wo sich das Institut von Günter Ammon befand. Es reichte gerade mal für zwei Stunden Einzeltherapie, die erste als „Ausbildungskandidat" bei meinem Lehranalytiker, die zweite als „Therapeut in Ausbildung" mit eigenen Patienten.

Um sechs Uhr begann die erste Gruppensitzung, in der ich neben meinem Lehranalytiker als Co-Leiter fungierte, um zwei Stunden später eine eigene Gruppe zu leiten. Nach acht Uhr ging es wie in einem Bienenhaus zu. In jener Zeit liefen im Institut gleichzeitig über zwanzig Therapiegruppen und mindestens zehn gruppendynamische oder berufsspezifische Selbsterfahrungsgruppen. Aus allen Ecken und Enden strömten Einzel- und Gruppenpatienten, Ausbildungskandidaten, Seminarteilnehmer, Psychotherapeuten, Kontrollanalytiker, Seminarleiter und hin und wieder der Institutsleiter persönlich in den Flur, um von da ab in verschiedene Richtungen in andere Behandlungs- beziehungsweise Seminarräume zu wechseln, – oder um, das galt in erster Linie für die Patienten, nach Hause zu gehen.

Punkt zehn Uhr fünfzehn begannen entweder weitere Seminarveranstaltungen oder jeweils am Dienstag die sogenannte „Kontrollgruppe“, das heißt, die wöchentlich stattfindende „Institutsversammlung“ für Abteilungsleiter, Psychotherapeuten, Seminarleiter und Ausbildungskandidaten unter der Leitung des Institutsleiters. Diese „Institutsversammlung“ war das zentrale Lehr-, Kontroll- beziehungsweise Leitungsorgan des Institutsbetriebes. Alle wichtigen Geschäfte wurden dort diskutiert und beschlossen, seien es nun technische Fragen wie die Organisation von Vorträgen, Bilderausstellungen, die Organisation des monatlich stattfindenden Patientensprechtages oder seien es therapeutische Anliegen wie die Kontrollarbeit mit Ausbildungskandidaten oder die Gründung oder Zusammenstellungen neuer Therapie- beziehungsweise Selbsterfahrungsgruppen.

Die Institutsversammlung dauerte in der Regel bis kurz nach Mitternacht. Also blieben noch einige Stunden, um die getroffenen Entscheidungen in die Tat umzusetzen. Bis gegen zwei Uhr morgens wurden weitere Besprechungen zu zweit, zu dritt oder in kleineren Gruppen abgehalten. Selbstverständlich meldete sich auch der Hunger, was nicht selten dazu führte, dass man die ausklingende Nacht beziehungsweise den anbrechenden Morgen im nahen Speiselokal verbrachte.

Dann fuhr ich endlich nach Hause.

Auf höchstem Niveau

Selbstverständlich waren weder die Wochenenden noch die Feiertage frei. Neben den üblichen Institutsaufgaben galt es an Selbsterfahrungsgruppen, Selbsterfahrungswochenenden, Vorträgen und 10-tägigen Klausurtagungen in Italien oder im Bayerischen Wald teilzunehmen. Zudem fanden jedes Jahr wissenschaftliche Kongresse mit zahlreichen Vortragsveranstaltungen statt, in deren Rahmen international bekannte Wissenschaftler, Mitarbeiter und Ausbildungskandidaten eigene Referate hielten.

Das Niveau war entsprechend hoch. Jedes Referat der Mitarbeiter und Ausbildungskandidaten musste an vorbereitenden Tagungen, die wiederum in irgendwelchen Städten durchgeführt wurden, probehalber vorgetragen und anhand der anfallenden Kritik neu überarbeitet werden. Die korrigierten Manuskripte wurden anschließend ein zweites Mal auf Inhalt und Stil überprüft. Erst nach der zweiten Lesung wurden die Texte endgültig zum Vortragen freigegeben.

Dieses Vorgehen führte bei den meisten Ausbildungsteilnehmern zu einer andauernden psychischen und physischen Übermüdung. Die meisten Ausbildungskandidaten hatten neben der eigenen psychotherapeutischen Ausbildung auch den ursprünglichen Berufen nachzugehen. Die einen führten nebenher Arztpraxen, waren Lehrer oder wie ich, Dozent und wissenschaftlicher Angestellter an der Technischen Universität.

Es war deshalb verständlich, dass für weiterführende Aktivitäten und für die Pflege privater Beziehungen nur noch wenige Stunden übrig blieben.

Im Laufe der Ausbildung gingen bei mehreren Ausbildungsteilnehmern Ehen und Freundschaften zu Bruch. Trotzdem schaffte ich es hin und wieder, mich jeweils am Mittwochabend für ein kurzes Rendezvous freizumachen. Meine Freundin war es, die kurz nach zweiundzwanzig Uhr frierend und fröstelnd unter der Donnersberger Brücke auf mich wartete, um von mir, von der Münchner Freiheit herkommend, aufgelesen und in meine Wohnung gefahren zu werden.

Ich habe nie in so kurzer Zeit so viel gelernt

Nach Abschluss meines Studiums, nach erfolgreicher Promotion zum Doktor der Naturwissenschaften und nach weiteren zwei Jahren psychotherapeutischer Ausbildung stieg ich die Karriereleiter hoch. Ich wurde Leiter des Fachbereichs „Gruppendynamik" und war in dieser Funktion berechtigt, an den zentralen Leitersitzungen in Berlin teilzunehmen. Das war der Höhepunkt meiner psychoanalytisch-psychotherapeutischen Ausbildung.

Die engsten Mitarbeiter aus den Instituten in Berlin, München und Düsseldorf trafen sich jeden Montag im Berliner Haus von Günter Ammon, um die laufenden Geschäfte zu besprechen. Diese Sitzungen des innersten Zirkels wurden nicht nur generalstabsmäßig, sondern konsequent gruppendynamisch geführt. Alle Reaktionen, Mitteilungen, Besonderheiten und Fehlleistungen wurden in die laufenden Entscheidungsprozesse mit einbezogen. Der Zufall wurde ausgeschaltet! Unter diesem Anspruch geriet jede Fehlleistung sowohl zur Chance als auch zum Schlüssel für weitere Entwicklungsschritte. Ich bin überzeugt:

„Ich habe nie in so kurzer Zeit so viel gelernt!"

Ein folgenschwerer Satz

Wenige Monate vor meiner Maturitätsprüfung sagte meine Mutter den schicksalshaften Satz:

„Dein Onkel würde sich freuen, wenn du einmal in seine Firma eintreten würdest."

Die Firma des Onkels bestand zur Hauptsache aus einer Eisen- und Stahlgießerei mit angeschlossener Maschinenfabrik, in denen Elektrofahrzeuge, Gabelstapler sowie Seilbahnen und Skilifte hergestellt wurden. Später wurde eine erfolgversprechende Abteilung für integrierte beziehungsweise computergesteuerte Lagertechnik angegliedert.

Dem folgenschweren Satz folgte Wochen später das konkrete Angebot:

„Der Onkel zahlt dir dein Studium, wenn du in Aachen „Gießereiingenieur" studierst."

Wie sich eines zum anderen fügt. Mit zwei wohlmeinenden und äußerst durchsichtigen Bauernzügen stand ich im „Matt".

Aber, – eigentlich hatten es sowohl meine Mutter als auch mein Onkel nur gut gemeint, – sehr gut sogar.

Eine schicksalhafte Entscheidung

Wenn ich heute an dieses Ereignis zurückdenke, glaube ich, dass ich aus folgenden Gründen zugesagt hatte:

Erstens hatte ich Angst vor der Zukunft. Ich dachte, dass ich den Anforderungen einer modernen Konkurrenzgesellschaft nicht gewachsen wäre.

Zweitens war ich abhängig. Ich spürte, dass meine Wünsche, Philosophie, Germanistik oder Psychologie zu studieren, den Erwartungen meiner Mutter nicht entsprechen würden.

Drittens hatte ich nicht ganz ungerechtfertigte Ängste, mich den Gefahren eines rein geistigen Studiums auszusetzen. Ich dachte an den Graphologen, der mir geraten hatte, mich einem naturwissenschaftlich orientierten Studium zuzuwenden.

Viertens war ich auf das Werk meiner Vorfahren stolz, die es geschafft hatten, einen bedeutenden Industriebetrieb aufzubauen. Meine Familie genoss in meiner Heimatstadt hohes Ansehen. Ihr gehörten neben selbständigen Unternehmern und Ingenieuren mehrere Rechtsanwälte, Ärzte und Offiziere an.

Fünftens hatte ich Talent. Ich interessierte mich sowohl für die Geisteswissenschaften als auch für die Technik beziehungsweise die Naturwissenschaften.

Und sechstens ging es ums Geld! Meine Familie war nicht mehr vermögend. Das beachtliche Familienerbe war im Rahmen der Weltwirtschaftskrise und wegen der Unachtsamkeit meines Vaters verloren gegangen.

Der Fluch

Im Hinblick auf meine Familie hatte ich lebenslang eine schwere Bürde zu tragen. Es war wie ein Fluch, ein Krebsgeschwür, das mein Selbstwertgefühl zu zerfressen drohte:

Eine meiner beiden Halbschwestern erzählte eines Tages, dass sie mit mir im Kinderwagen einem Onkel begegnet sei. Dieser habe in den Kinderwagen geschaut und gesagt: „Der wird einmal ein großer Mann!"

Diese scheinbar wenig bedeutungsvolle Begebenheit entfaltete im Laufe der Jahre eine verheerende Wirkung. Der Maßstab war gesetzt. Durchschnittlichkeit war nicht mehr möglich. Ab diesem Augenblick hatte ich keine Chance, ein „normaler" Mensch zu sein. Immer hing diese Erwartung in der Luft. Es war, als ob mir meine Ahnen heimlich über die Schultern schauen würden.

Kein Sieg, kein schneller Erfolg hätte diese Angst aus der Welt schaffen können.

Zurück in die Schweiz

Die Zeit in München war eine lehrreiche Zeit gewesen. Irgendwann war aber Schluss. Nach sieben Jahren Therapie und gruppendynamischer Ausbildung und nach zusätzlich dreieinhalb Jahren Ausbildung zum Psychotherapeuten, Gruppenpsychotherapeuten und Psychoanalytiker konnte ich im Sommer 1980 meine Ausbildung abschließen. Jetzt stellte sich die Frage:

„Wo werde ich leben und arbeiten?"

Nach siebzehn Jahren Deutschland wollte ich in die Schweiz zurückkehren. Ich nahm die Karte in die Hand und tippte auf die Mitte:

„Es war entschieden! Ich werde nach Bern ziehen und eine therapeutische Praxis aufbauen."

Erst später sollte ich mich an meinen letzten Schulaufsatz erinnern, in dem ich geschrieben hatte, – dass ich später als Psychologe in Bern arbeiten würde …

Eigenartig! Was hatte ich getan? Ich war nach Deutschland gezogen, wo mein Ururgroßvater geboren wurde. Ich hatte in Deutschland studiert, wie mein Ururgroßvater, mein Onkel und mein Vater. Ich war Naturwissenschaftler und anschließend Geisteswissenschaftler geworden, wie mein Ururgroßvater, nur umgekehrt. Ich hatte einen Identitätsbruch vollzogen wie mein Ururgroßvater, nur in umgekehrter Richtung, als ob ich diese Entscheidung wieder rückgängig zu machen hätte.

Die Nahtoderfahrungen

Anscheinend gibt es überzeugende Gründe, um anzunehmen, dass es ein Leben nach dem Tod gibt, und dass sowohl Gott als auch der ganze Pantheon an Göttern – tatsächlich existieren.

Immer wieder wird von Menschen, die schwere Unfälle, Krankheiten oder existenzielle Krisen erlebt haben, berichtet, dass sie äußerst eigenartige Erfahrungen gemacht hätten. Es handelt sich um die „Nahtoderfahrungen". Im Rahmen dieser Erfahrungen wird zum Beispiel von „Heraustreten aus dem eigenen Körper", „Schweben über dem Operationstisch", „tief empfundenen Symbiosegefühlen", „Tunnelerlebnissen", „Helligkeitserscheinungen", „Begegnungen mit verstorbenen Verwandten, Freunden, Engeln oder gar Jesus persönlich" und von existenziellen Entscheidungen über „Weiterleben oder Sterben" berichtet. Diese Erlebnisse hinterlassen in der Regel tiefgreifende Bewusstseinsveränderungen.

Diese Erlebnisse werden als Beweis dafür angesehen, dass es neben dem „körperlichen" Erleben auch ein rein „geistiges" und vom Körper unabhängiges (Seelen-) Leben geben würde.

Die Nahtoderlebnisse könnten aber auch naturwissenschaftlich interpretiert werden. Sie könnten zum Beispiel als subjektive Notfallreaktionen des Gehirns aufgefasst werden. Solche Reaktionen gehören vermutlich zu einem ganzen Bündel erbgenetisch programmierter Überlebens- und Notfallmechanismen, die gerade im Falle einer akuten Lebensbedrohung von den psychischen Instanzen spontan aktiviert werden. Das Gehirn kann in diesem Sinne erstaunliche Aktivitäten produzieren. Sie haben möglicherweise die Funktion, dem Sterbeprozess ein letztes lebensverlängerndes oder gar lebensrettendes Aufbäumen entgegenzusetzen.

Neue Forschungsergebnisse an der „University of Michigan" bestätigen, dass die Hirnaktivität nach dem unmittelbaren Herzstillstand kurzzeitig erheblich ansteigt. Die Hirnstrombilder zeigen auffällige Muster von Hirnwellen, als ob das Gehirn in Todesnähe extrem stimuliert werden würde. Der Kölner Neurologe Michael Schroeter folgerte daraus, dass das menschliche Gehirn im frühen Stadium des klinischen Sterbens zu gut organisierter elektrischer „Hyperaktivität" fähig ist.

Diese unwillkürlich aktivierten Gehirnaktivitäten könnten sich unter anderem vorgeburtlicher, geburtstraumatischer oder nachgeburtlicher Schemata als auch kognitiv-emotionaler Verarbeitungsmechanismen bedienen. Denn die geschilderten „Tunnel"- und „Helligkeitserlebnisse" könnten sehr wohl an das eigene Geburtserlebnis erinnern.

Es wurde vielfach bestätigt, dass der Mensch vorgeburtlich intensiv wahrnehmen und empfinden kann, und dass der erwachsene Mensch diese Eindrücke in archaischer Form lebenslang wiedererinnern kann. Warum sollten zum Beispiel das emotional erlebte Geborgenheitsgefühl während der Schwangerschaft, die intensiven Wärmeempfindungen im mütterlichen Uterus, das umfassende Verschmelzungsgefühl in der Mutter-Kind-Symbiose, das erlösende Nirwanagefühl des im Fruchtwasser schwimmenden Fötus, die Grenzenlosigkeit des vorgeburtlichen Ich-Gefühls, die Tunnelbilder und die Angsterlebnisse während der Geburt oder die überraschenden Helligkeitserscheinungen nach der Geburt nicht konkrete Erinnerungsspuren hinterlassen?

Von diesem Standpunkt aus betrachtet braucht man kein von den spezifischen Körperfunktionen getrenntes persönlichkeitsspezifisches Geisteserleben anzunehmen.

Diese Aussagen mögen zwar kalt und herzlos klingen. Sie sind aber nicht kalt und herzlos. Im Gegenteil. Sie sind ermutigend. Die Abkehr von der „Wirklichkeit" erscheint als imaginierte Flucht in eine traumhaft erlebte Irrealität. Es gibt aber nichts Erhabeneres, als das Leben in der Wirklichkeit zu erleben.

Waren meine Eltern neurotisch?

In den „Vorlesungen" von Sigmund Freud begegnete mir zum ersten Mal atheistisches Gedankengut. Er schrieb, dass ein Glaube, wie ihn meine Eltern zelebrierten, ein neurotischer Glaube sei. Ich war erstaunt – und gleichzeitig irritiert:

„Waren meine Eltern neurotisch?"

Hans Küng

Ich wollte meine Gedanken ein letztes Mal einer Prüfung unterziehen. Ich dachte an den „kritischen" Theologen Hans Küng.

Dieser hatte zur Frage nach der Existenz Gottes ein dickes Buch mit dem Titel „Existiert Gott?" geschrieben. Ich nahm das Buch zur Hand und dachte:

„Wenn mich jemand von meinem „Atheismus" abbringen könnte, – dann dieser Hans Küng!"

Küng ging in seinem Buch ausführlich auf Feuerbach, Marx und Freud ein. Es machte den Anschein, dass Küng für die atheistischen Ideen der angegebenen Autoren großes Verständnis aufbringe. Tatsächlich zeichnete er deren Argumente und Schlussfolgerungen akribisch genau auf. Feuerbach habe mit seinem Gottesglauben gebrochen und sich offen zum Atheismus bekannt. Gott erscheine ihm als Spiegelbild des Menschen, als Projektion seines eigenen Wesens an den fernen Himmel, hinter dem sich in Wirklichkeit das so genannte Nichts verberge. Feuerbach fordere deshalb Menschenliebe statt Gottesliebe und vollständige Diesseitigkeit statt Jenseitigkeit.

Im Hinblick auf Marx meinte Küng, dass dieser den Menschen als gesellschaftlich und wirtschaftlich bedingtes Wesen auffasse. Der Mensch entwerfe in seinem entfremdeten Elend eine hoffnungsvolle Gegenwelt und einen hilfsbereiten Gott. Diese Botschaft bleibe aber ohne Sinn, weil die religiöse Aktivität von der sozialen Wirklichkeit ab- und auf ein irrationales Jenseits hinlenke. So wirke die religiöse Abwendung von der Wirklichkeit als „Opium fürs Volk", das illusorisches Glück verspreche statt wirkliches Glück zu bringen.

Bezugnehmend auf Freud schrieb Küng, dass dieser die religiöse Vorstellung nicht wie Marx als Niederschlag einer Daseinserfahrung, sondern als Ergebnis eines psychischen Bewältigungsprozesses ansehe. Diese Vorstellung sei ein künstliches Konstrukt, das mittels einer Wunschwelt vom psychischen Apparat geschaffen werde, um die Widerwärtigkeiten des täglichen Alltagslebens besser bewältigen zu können.

Zusammenfassend stellte ich mit Betroffenheit fest, dass sich Hans Küng äußerst scharfsinnig einen eigenen Weg durch die philosophischen Schulen gebahnt hatte. Seine Ausführungen waren interessant. Es wurde nie langweilig. Würde mich Küng in meinem mühsam erarbeiten Skeptizismus doch noch erschüttern können? Ich war gespannt, wie es weiter gehen würde:

Er verwarf den mittelalterlichen Gottesglauben, durchschaute den Zirkelschluss von Pascal und Hegel, stimmte Descartes, Feuerbach, Marx und Freud zu, dass das wirkliche Wesen Gottes nicht erfasst werden könne, weigerte sich sogar, über die Brücke Heideggers zu gehen, der die Identifikation zwischen „Sein" und „Gott" empfahl, nur um sich schließlich in seinen eigenen Widersprüchen zu verstricken. Er blieb trotz kritischer Argumentation seinem Gottesglauben treu, – wie sollte es anders sein, – indem er sich – vollkommen überraschend – auf ein völlig an den Haaren herbeigezogenes „begründetes Grundvertrauen" berief. Denn, weil sich die Existenz Gottes im Voraus nicht beweisen lasse, erfahre er diese im Vollzug, im „Akt des anerkennenden Erkennens".

Unglaublich! Eine Zumutung! Diese Schlussfolgerung war den oben zitierten Autoren in keiner Weise würdig. Mit dieser völlig unwissenschaftlichen Argumentation führte Küng seine scharfsinnig entwickelten Argumente vom relativ Objektiven auf sein eigenes subjektives Empfinden zurück, – und es war, als ob er alles Vorhergehende gar nie geschrieben hätte.

Mit dieser etwas weltfremden Begründung wurde der Spekulation Tür und Tor geöffnet. Anstelle seiner überzeugenden Argumente, die er kurz zuvor noch klar und deutlich herausgearbeitet hatte, trat seine eiserne Gottgläubigkeit, als ob die Schärfe seines brillanten Verstandes an der Starrheit seiner religiösen Vorstellungen unbarmherzig abprallen müsste. Was ist denn ein sogenannt „begründetes Grundvertrauen" anderes als eine äußerst spekulative persönliche Mutmaßung. Im Gegenteil. Ich dachte:

Ein solch „begründetes Grundvertrauen" ist vermutlich weniger als Ausdruck irgendeiner Gottesexistenz, sondern mehr als das Ergebnis einer mehr oder weniger glücklichen Familiensozialisation aufzufassen. Es zeugt eher von einem in einer vertrauensvollen Familienatmosphäre aufgebauten und verinnerlichten Sicherheitsgefühl, als von einer völlig willkürlich herbeigeredeten Gottesexistenz.

Und weiter:

„Ob so viel Unbewusstheit müsste einem fast der Kragen platzen. – Aber eben, Küng glaubt an Gott, weil er an ihn glauben will und glauben muss. Um von diesem Glauben abzurücken, braucht es mehr. Nicht nur die geistige Brillanz und eine umfassende Belesenheit sondern die unbestechliche Bereitschaft, sein ganzes Herkommen und familiäres Geprägtsein grundsätzlich in Frage zu stellen.

Das Beispiel „Küng" zeigt deutlich , dass es nicht der Verstand ist, der den Glauben prägt. Es sind tief verankerte Gefühle und Abhängigkeiten, die die Beständigkeit des Glaubens begründen.

Mit diesem Exkurs in die „Kritische Theorie" des Theologen Hans Küng kam die letzte Säule meines Glaubens zu Fall.

Die Entrückung

Während meiner Kindheit dachte ich, dass ich gute Eltern hätte. Meine Eltern würden einer geistigen Elite angehören. Tatsächlich waren diese überzeugt, eine „Erleuchtung“ erlebt, das „Licht Gottes“ gesehen zu haben. Sie fühlten sich als Angehörige eines auserwählten Kreises, sowohl den evangelischen Kirchen als auch anderen Religionsgemeinschaften, ebenso den Sekten, klar überlegen. Andere Religionen verfügten in ihren Augen nicht über das „wahre Licht“.

Meine Mutter war überzeugt, dass der Körper des Predigers, auch derjenige des Vaters, und selbstverständlich auch – später einmal – der ihre, nach dem Ableben vollkommen „entrückt“ werden würde, das heißt, mit „Haut und Haaren“ in den Himmel fahren würde. Sie äußerte sogar die etwas sonderbare Idee, das Grab des Vaters öffnen zu lassen, um die Tatsache seines „Entrücktseins“ zweifelsfrei festzustellen. Ein leeres Grab würde vom außerordentlichen Charakter unserer Familie und der liebevollen Fürsorge Gottes endgültig Zeugnis ablegen.

Aber, – meine Eltern waren weder erleuchtet, noch gehörten sie einer geistigen Elite an, – sie waren einfach – krank …

Krankenversicherung

Meine Mutter hatte allgemein betrachtet eine gesündere Beziehung zur Realität als mein Vater. Sie führte sowohl die Betriebskasse als auch die laufende Geschäftsbuchhaltung. Nur in einem Punkt blieb sie stur. Sie weigerte sich konsequent, eine Krankenversicherung abzuschließen, von einer Unfallversicherung oder Lebensversicherung ganz zu schweigen. Eine Versicherung hätte in ihren Augen als Ausdruck eines grundsätzlichen Misstrauens gegenüber Gott gegolten: Man kann nicht auf Gottes Hilfe setzen und sich gleichzeitig durch eine weltliche Instanz versichern lassen. Nur Gott sollte über Glück und Unglück unserer Familie entscheiden. Er würde es schon richten. In diesem Sinne handelte meine Mutter konsequent, – konsequent verrückt …

Ich fand diese Haltung besonders gegenüber der Familie vollkommen verantwortungslos. Als mein Vater mehrere Monate lang im Krankenhaus lag, drohte unserer Familie der finanzielle Ruin. In der Not und angesichts der Schwindel erregenden Rechnungen, die nach und nach ins Haus flogen, wartete meine Mutter auf „göttliche Fügung". Insgeheim aber hoffte sie, dass der Onkel die anfallenden Rechnungen heimlich begleichen würde, – was selbstverständlich nicht geschah.

Die Mutter musste schließlich trotz Sorgen und Beten die ankommenden Rechnungen Zug um Zug begleichen. Trotz dieser Erfahrung blieb sie ihrem Glauben treu, begann aber, für den Fall des eigenen Krankwerdens, Geld anzusparen. Ist es nun Hohn oder Fügung zugleich, dass wenige Monate nach Mutters Tod per Gesetz, gesamtschweizerisch, eine obligatorische Krankenversicherung eingeführt wurde?

Dunkler als auf dem Grund der Aare

Einmal sagte meine Mutter, dass sich der Vorgänger des Predigers, der Großvater meiner beiden Spielkameraden Ludwig und Johannes, abfällig über unseren Vater geäußert hätte. Er habe gesagt, dass es nicht „von Gott komme, dass sie diesen Mann geheiratet habe".

In diesem Augenblick sei es vor ihren Augen schwarz geworden, und sie habe gedacht, dass es „auf dem Grund der Aare nicht dunkler sein könne, als in der Tiefe ihres Herzens …"

Ich erkannte, dass meine Mutter nicht aggressiv reagieren konnte, wie es angesichts dieser Bemerkung angemessen gewesen wäre, sondern mit suizidalen Gedanken reagierte. Meine Eltern waren nicht „böse“, – sondern schlimmer. Ich hatte schwache Eltern. Es gibt nichts schlimmeres, – als schwache Eltern zu haben.

Die Chance war vertan

Die Chance war vertan, als der Brief an meinen Onkel in der Schublade liegen blieb. Es war im Januar 1961:

Es war kalt. Schmutziger Schnee lag auf der Straße. Vor mir lag ein Stück Papier.

Ich schrieb:

„Lieber Onkel

Meine Praktikumszeit geht bald zu Ende. In wenigen Wochen werde ich mit meinen Militärdienst beginnen und später in Aachen Gießereiingenieur studieren. Aber, – es plagen mich die Zweifel. Mein Herz sagt plötzlich „nein“. Noch brennt ein Feuer in mir. Ein kleines Fünkchen hat sich zu einem gewaltigen Brand entwickelt, – der Liebe zur Literatur und Philosophie ...“

Dieser Brief wurde nie abgesandt ...!

Das Wesen der Seele

Nach über dreißig Jahren psychotherapeutischem Arbeiten hätte ich es eigentlich wissen müssen, was die „Seele“ bedeutet. Ich wusste es aber nicht. Wer kennt schon seine „Seele“? Zudem hatte ich mir nie entsprechende Gedanken gemacht.

Was bedeutet eigentlich, – „Seele"?

Für meine Eltern war das nie eine Frage gewesen: Die „Seele" ist das „Unsterbliche", das nach dem Tod weiter lebt und gegebenenfalls von Gott kommt.

Für mich aber war es eine existenzielle Frage, nicht aus theologischer, sondern aus psychologischer Sicht. Ich dachte, wenn ich darüber nachdenke und eine überzeugende Antwort finde, werde ich ein Buch über das „Wesen der Seele" schreiben. Ich schrieb dieses Buch!

Es musste aber eine Antwort geben, die mich im Rahmen meines naturwissenschaftlichen Denkens überzeugte. Es war während eines Spanienaufenthaltes, als ich die Lösung zu finden glaubte.

Für mich war von Anfang an klar gewesen, dass die „Seele" nichts mit „Gott" zu tun haben konnte. Aber, warum hat der Mensch, obwohl sie nicht von „Gott" kommt, eine „Seele"? Braucht der Mensch eine „Seele"?

Die Frage kam auf, als ich von Hermann Burger folgenden Text las:

> *„Es ist gespenstisch, seit 1982 wird mir jedes Jahr ein Preis zugesprochen, obwohl ich seit jener Zeit nichts Brauchbares mehr produziert habe und nur noch als Ruine auf meine innere Öffentlichkeit starre, Krater, soweit das Auge reicht."*

Und weiter:

> *„Eigentlich war ich innerlich schon lange tot."*

Diese Sätze wurden für mich zu Schlüsselsätzen zum Verständnis der Seele.

Was meinte Hermann Burger mit diesem Satz? Was erlebte er *„innerlich"* als *„tot"*?

Sein Körper konnte es nicht gewesen sein. Er lebte und war körperlich, abgesehen von einigen Gebrechen, gesund.

Auch sein geistiger beziehungsweise mentaler Apparat war alles andere als tot. Er lag nicht im Koma. Er arbeitete intellektuell auf höchstem Niveau. Er hatte einen klaren Verstand und ein vorzügliches Erinnerungsvermögen.

Und sein „Ich"? Hermann hatte ein klares „Ich-Gefühl". Er liebte seine Mitmenschen. Er konnte seine Gefühle klar empfinden und ausdrücken und war in der Lage, sich von ungeliebten Menschen abzugrenzen. Er konnte ausführlich über seine Ängste reden und sich für sportliche Ereignisse interessieren. Zudem wurde er Mitglied eines gemischten Gesangschors, an dem er sich mit großer Begeisterung beteiligte. Es waren also weder sein „Körper", noch der „mentale Apparat" und schon gar nicht sein „Ich", die tot waren. Es musste etwas anderes sein. Es musste etwas psychisch Existenzielles gewesen sein, das tot war, obwohl der Körper, die Sinne, das Gefühl, der Geist, der mentale Apparat und das „Ich" nach wie vor funktionierten. Aber was? – War es möglicherweise die „Seele"?

Die „Seele" musste etwas ganz Besonderes sein, das der Mensch dauerhaft spüren kann, wie zum Beispiel das „Ich" und die „Ich-Grenze". Ist es möglicherweise so, dass man unter ganz bestimmten Bedingungen neben seinem „Ich" auch seine „Seele" spüren kann? Das würde bedeuten, dass der Mensch tatsächlich über eine „Seele" verfügt, und dass diese „Seele" im menschlichen Organismus eine wichtige Rolle spielt. Aber welche?

Der Mensch als „Biologisches System"

Die Antwort fand ich in der Systemtheorie. Der Mensch ist von der Systemtheorie her betrachtet ein „Biologisches System". Ein solches System besteht aus verschiedenen Organen, die diese Aufgaben erfüllen. Es gibt Ausgangsprodukte, zum Beispiel die Nahrung, verschiedene Vitamine, Ballaststoffe, Wasser usw., es gibt Organe für den „Input", für die „Verteilung", für die „Verarbeitung", für die „Lagerhaltung". Und es gibt Endprodukte beziehungsweise Organe für den „Output". Zudem gibt es Instrumente für die „Datenerfassung", "Informationsverarbeitung" und die interne „Kommunikation", zum Beispiel die Nervenzellen, das periphere beziehungsweise zentrale Nervensystem, das Rückenmark und das Gehirn. Letztlich muss das System gesteuert und geleitet werden. Für diese Funktionen gibt es spezielle „Steuerungs- beziehungsweise Leitungsorgane". Die Steuerung wird durch die Zentrale Datenverarbeitung gewährleitet, während das oberste Leitungsorgan des „Biologischen Systems Mensch" die „Seele" darstellt. In diesem Sinne stellt die „Seele" die Verbindung zwischen Außen- und Innen her, setzt die wichtigsten Ziele beziehungsweise Zwischenziele und verfügt über ein sensibles Wahrnehmungsinstrumentarium, das es ermöglicht, das System in Bezug auf ein erfolgreiches Überleben in der Umwelt richtig zu positionieren. Im Hinblick auf einen Produktionsbetrieb würde das Steuerungsorgan die „Direktion" und das Leitungsorgan, die „Seele" des Betriebes, den Eigentümer beziehungsweise den „Verwaltungsrat" eines Betriebs darstellen.

Zwischen den einzelnen Organen des biologischen Systems „Mensch" gibt es eine dynamische Wechselwirkung. Wenn nur eine der seelischen Funktionen, zum Beispiel die Beziehungsfähigkeit oder die Verantwortungsbereitschaft fehlten, würden die Menschen innerhalb weniger Generationen aussterben. Es ist doch kaum vorstellbar, dass Kinder von verantwortungslosen Eltern in beziehungslosen Familien ohne tragende Gefühle und ohne verbindliche Zielvorstellungen überleben und sich erfolgreich fortpflanzen könnten. Die Menschen brauchen deswegen ein Organ, das einfühlend wahrnehmen, die wahrgenommenen Daten zentral verarbeiten, übergeordnete Ziele festlegen, sich mit den Mitmenschen in Beziehung setzen, neue Pläne entwerfen, diese Pläne entsprechend umsetzen und die Verantwortung dafür übernehmen kann. Die Funktionen der Seele ermöglichen so das Überleben der lebendigen Kreatur in einer komplex strukturierten Umwelt.

Glauben und Psychosen

Der Glaube meiner Eltern war ein Wahn. Er war aber nicht nur ein Wahn. Ihr Glaube war von Größenwahn geprägt. Er war zwanghaft, irreal und psychosenah. Ich musste mich deshalb ernsthaft fragen, ob nicht jeder Glaube, der fundamentalistisch und fanatisch ist, in dieser Weise wahnhaft und psychosenah ist.

Es waren aber nicht nur meine Eltern, die krank waren, die am Rande einer Psychose standen. Alle Familienmitglieder hatten psychische Probleme.

Diese Annahme fand anhand der Erziehung meines Neffen eine eindrückliche Bestätigung. Der Sohn einer meiner beiden Halbschwestern ging durch eine Mutter-Kind-Hölle. Ich konnte mit eigenen Augen sehen, wie meine Halbschwester ihren Sohn „verrückt" machte. Sie verhielt sich ihm gegenüber in jeder Weise widersprüchlich. Einmal wies sie ihn mit aggressiver Geste zurück oder schlug ihn mitten ins Gesicht, um ihn einen Augenblick später überschwänglich in die Arme zu schließen und abzuküssen. So ging es den ganzen Tag. Der Kleine hatte keine Chance. Er zeigte sich dem Wechselbad der Gefühle nicht gewachsen. Er war nicht in der Lage, ein kohärentes Ich-Gefühl und ein stabiles Grundvertrauen aufzubauen. Ich dachte, dass man meiner Halbschwester das Kind sofort wegnehmen müsste. Das hätte sie aber niemals zugelassen. Sie vergötterte ihren Sohn, der ihr „Ein und Alles" war.

Die Schizophrenie meines Neffen war nicht genetisch bedingt. Sie war hausgemacht. Es gab in unserer Familie bis zu jenem Zeitpunkt keinen Fall von Schizophrenie. Die Schizophrenie war auch nicht vorgeburtlich verursacht, wie oft vermutet wurde, auch nicht während der Geburt entstanden. Sie war in erster Linie die Folge einer gestörten Mutter-Kind-Interaktion.

Auch ein anderes Mitglied unserer Familie wurde ein fanatischer Eiferer. Er tingelte mit einem VW-Bus quer durch die Landschaft und arrangierte religiöse Bekehrungsveranstaltungen.

Wie kam es zu diesem Verhalten? Der Mann zeigte schon als Kleinkind die Symptome einer schweren psychophysischen Vernachlässigung. Er wackelte in seinem Bettchen mit dem Köpfchen hin und her und zeigte weitere auffällige Stereotypien. Diese Symptome gelten als Anzeichen einer schweren „Mutterentbehrung". Möglicherweise kann eine mangelhafte mütterliche Zuwendung später zu einem religiösen Fanatismus führen. Es ist als ob die Betroffenen die fehlende „Mutternähe" während der Kindheit später in einer schwärmerischen „Gottesnähe" zu finden versuchten.

Warum gibt es Religionen?

Es gab noch weitere Fragen zu beantworten:

Überall auf der Erde gibt es Menschen, die an Gott oder an eine Vielzahl von Göttern glauben. Warum gibt es überhaupt Religionen? Warum gibt es keine menschliche Gemeinschaft, die kein religiöses Verhalten hervorgebracht hat.

Diese Frage musste beantwortet werden! Es ist erstaunlich, dass ganz unabhängig voneinander überall auf der Erde religiöse Kulte entstanden sind. Und warum gibt es in allen Ländern, seien es nun primitive oder hoch industrialisierte, Menschen, die an einen Gott beziehungsweise an eine Vielzahl von Göttern glauben? Es ist, als ob die Religionen zu jeder Zeit und an jedem Ort immer wieder neu erfunden werden würden.

Was motiviert die Menschen dazu, Göttern zu huldigen? Für dieses weltumspannende Phänomen musste es gute Gründe geben.

Welches ist der tatsächliche Grund für dieses erstaunliche Phänomen?

Ich suchte nach Antworten, – und fand sie in der Gruppendynamik. Im Rahmen meiner Ausbildung zum Gruppendynamiker und Psychotherapeuten nahm ich wie oben angedeutet an zahlreichen gruppendynamischen Selbsterfahrungsgruppen teil. Dabei fiel mir immer wieder auf, dass die Gruppenleiter, insbesondere in der ersten Phase des gruppendynamischen Prozesses, in ihrer Bedeutung stark überhöht beziehungsweise auf unrealistische Weise „vergöttert" werden. Es wurde fantasiert, dass sie „Gurus" seien. Sie wurden als „Koryphäen", „Lehrer" oder „Meister" fantasiert. Obwohl diese Überhöhungen meistens belustigend wirkten und Gelächter provozierten machten sie mich stutzig. War ich zufällig auf den verborgenen „Mechanismus der Göttererschaffung" gestoßen …?

Das Abendmahl

Später fiel mir ein weiteres Phänomen auf:

Nach einer Sitzung, während der intensiv an der Integration der Gruppe gearbeitet wurde, trafen sich die Teilnehmer in einem nahen Restaurant. Es war das erste Mal, dass die Gruppe nach der Sitzung zusammen geblieben war.

Die Stimmung war ausgelassen. Man redete und konsumierte „Brot und Wein". – Warum „Brot und Wein"? Ich dachte, dass möglicherweise, von der unbewussten Bedeutung her, etwas Wichtiges geschehen sein mochte. Der Anlass erinnerte mich an das „Abendmahl". Ich dachte: „Die Gruppe feiert das Schließen der Gruppengrenze als rituelles Abendmahl!" Und, – tatsächlich – vielleicht bedeutet jedes „Abendmahl", von der eigentlichen Bedeutung her, das „Schließen von Gruppengrenzen".

Das war die Lösung!

Die Basis der religiösen Vorstellungen

Jede Ansammlung von Menschen, jedes Volk und jede Gemeinschaft sind soziologisch gesehen Gruppen und gehorchen gruppendynamischen Gesetzmäßigkeiten. Jeder Mensch lebt und arbeitet in Gruppen. Das heißt, jede Gruppe, seien es nun kleine oder große Gruppen, durchlaufen entsprechend dieser Gesetzmäßigkeiten gruppendynamische Prozesse. Im Rahmen dieser Prozesse gibt es charakteristische Ereignisse, in deren Rahmen spontan quasi-religiöse Rituale erfunden werden.

Am Anfang der Gruppenentwicklung, wenn sich die Menschen noch nicht vertraut sind und die inneren Strukturen, die eine Gruppe nach innen und außen stabilisieren, noch nicht entwickelt sind, kommen zwischen den Gruppenmitgliedern zahlreiche Ängste auf. Die Menschen fühlen sich bedroht, sowohl von den anderen Gruppenteilnehmern ausgehend, deren Verhalten sie noch nicht richtig einschätzen können, als auch von den eigenen Gefühlen her. Niemand kennt die „inneren Abgründe", die während eines gruppendynamischen Prozesses reaktiviert werden könnten.

Im Rahmen dieser Prozesse, besonders während der regressiven Phasen, werden Gefühle aktiviert, die unbewusst sind und tiefe Ängste generieren. Diese Ängste sind existenzieller Art und haben ihre eigentlichen Ursachen möglicherweise in vorgeburtlichen, geburtstraumatischen oder frühkindlichen Erlebnissen. Wegen dieser Bedrohungen neigen viele Gruppenmitglieder dazu, sich vor allem während der Anfangsphase des gruppendynamischen Prozesses an starke Leiter oder Institutionen anzulehnen. In der Folge kristallisieren sich sogenannte „Führerfiguren" heraus, die in ihrer Bedeutung deutlich überhöht werden. In der Kleingruppe sind es zum Beispiel die Gruppenleiter, die plötzlich zu „Gurus" oder „Götter" stilisiert werden, und in Großgruppen, Staaten beziehungsweise Völkern, sind es gottgleiche „Führerpersönlichkeiten", die glorifiziert werden.

Die Erschaffung Gottes

Dieser Prozess offenbart sich besonders in Gesellschaften, die sich in Umbruchsituationen oder in einem Zustand relativer Unsicherheit befinden. Diese Mechanismen induzieren nicht selten einen überbordenden Personenkult. Oft sind diese „Führer“ nicht wirklich in der Lage, die hochgesteckten Erwartungen zu erfüllen. Aus diesen Gründen werden, in erster Linie in unstabilen Gesellschaften, zusätzlich „Überhöhungen“ institutionalisiert, die die Ängste der Menschen noch weiter binden. Zu diesen Reaktionen gehören zum Beispiel Fantasien über wundertätige Menschen, heilversprechende Erlöser oder viel gepriesene Volkshelden.

Nicht selten werden diese Menschen zu übernatürlichen Göttern erhöht.

Letzteres ist wichtig. Die Übernatürlichkeit sichert diese Idole gegen allfällige Verunsicherungen ab. Jemand, der gar nicht existiert und mit den Alltagsproblemen nicht konfrontiert ist, kann keine Fehler machen.

Dass Religionen etwas mit Gruppendynamik zu tun haben, zeigen die Erfahrungen, dass quasi-religiöse Rituale im Rahmen des gruppendynamischen Prozesses immer wieder neu erschaffen werden. Die „Vergöttlichung“ der Leiter am Anfang des Gruppenprozesses; die Macht der „Jünger“ beziehungsweise der Oligarchen, wenn die ersten Untergruppen entstehen; der Ruf nach dem „Messias“ in akuten Krisensituationen; die nachträgliche Zerstörung beziehungsweise „Kreuzigung“ des Messias, wenn stabile Strukturen entstanden sind; die Existenz des „Teufels“, als Ausdruck der „destruktiven Aggression“; das Schaffen von „Geboten und Verboten“, wenn erste Gesetze benötigt werden; die „Verführung im Paradies“, wenn erotische Gefühle aufkommen; das Bild des „Tempels“, der mit seinen Säulen die Menschen symbolisiert, die auf ihren Händen ein gemeinsames Dach tragen, als Sinnbild der vollendeten

Gruppe; und schließlich die „Negierung des Todes“ und Wiedergeburtsfantasien, als Widerstand gegen die Trennung, stellen als archetypische Bilder den ganzen Verlauf des Gruppenprozesses dar. Es ist, als ob die Religionen mehr mit gruppendynamischen Gesetzmäßigkeiten als mit der Existenz Gottes, oder anders ausgedrückt, mehr mit sozialpsychologischen Vorgängen als mit theologischen Annahmen zu tun haben.

Der gruppendynamische Prozess

Einige Schlüsselszenen des gruppendynamischen Prozesses werden durch auffällige Bräuche noch stärker akzentuiert. So werden zum Beispiel „Pfingsten“, das Herabfahren des „Heiligen Geistes“, immer wieder gefeiert, wenn die Gruppe den Zustand der Identität erreicht. Die wichtigsten Eckpunkte des gruppendynamischen Prozesses sind also:

Die „Angst und die Abwehr der Angst“, die „Vergöttlichung des Leiters“, die „Macht der Oligarchen“, der „Ruf nach dem Messias“, die „Kreuzigung des Messias“, das „Schließen der Gruppengrenze“, das „Erreichen der Gruppenidentität“, das „Explodieren der Kreativität“ und die „Trennung von der Gruppe“.

Selbstverständlich laufen diese Vorgänge in der Regel unbewusst ab. Sie folgen spontan den durch den Gruppenprozess induzierten Gefühlen, ohne dass den Teilnehmern diese Gesetzmäßigkeiten, die sich hinter den Ritualen verbergen, bewusst würden, es sei denn, dass der Gruppenprozess und die damit verbundenen Fantasien von den Gruppenleitern im Sinne eines gruppendynamischen Seminars laufend studiert beziehungsweise interpretiert werden.

Die Bibel als gruppendynamisches Protokoll

In diesem Sinne kann die Bibel in weiten Teilen als Protokoll gruppendynamischer Vorgänge aufgefasst werden. Vielleicht wirken die biblischen Geschichten gerade deswegen so interessant, weil sie von ihrer eigentlichen Bedeutung her einen geistigen Niederschlag menschlicher Schlüsselereignisse darstellen, weil sie universell gültigen gruppendynamischen Gesetzmäßigkeiten entsprechen, die sich selbst im normalen Alltagsleben immer wieder von neuem ereignen.

Wie können diese Gedanken zusammengefasst werden? Sie geben in ihrer Gesamtheit einen Hinweis auf einen phänomenologischen Zusammenhang zwischen den Gefühlen, die der gruppendynamische Prozess induziert, und den religiösen Ritualen, die über Jahrhunderte lang tradiert werden. Sie zeigen, dass es bestimmte gruppendynamische Vorgänge gibt, die immer wieder quasi-religiöse Bedürfnisse hervorrufen. Religionen gibt es also nicht deshalb, weil Gott existiert, sondern weil das menschliche Zusammenleben immer wieder Bedingungen schafft, die das Hervorbringen quasireligiöser Bedürfnisse begünstigen.

Damit stellt sich eine letzte Frage: „Warum gibt es gruppendynamische Gesetzmäßigkeiten?“

Auch die gruppendynamischen Gesetzmäßigkeiten sind das Ergebnis eines evolutionären Prozesses. Gesellschaften, die sich anhand dieser Gesetzmäßigkeiten zu „arbeitsfähigen und erfolgreichen“ Gruppen entwickelten, hatten vermutlich eine höhere Überlebenschance als Gesellschaften, die sich nicht gruppendynamisch strukturierten. Gruppendynamisch gut strukturierte Gesellschaften sind und waren vermutlich bezüglich ihrer Fortpflanzungs- beziehungsweise Überlebenswahrscheinlichkeit erfolgreicher als großgruppendynamisch wenig strukturierte Gesellschaftssysteme.

Bekenntnis zum Atheismus

Nach diesen Überlegungen gab es in Bezug auf „Gott“ und die „Religionen“ keine offenen Fragen mehr. Es war entschieden. Für mich stand nun fest, dass es keinen „Gott“ gibt. Ab diesem Augenblick bekannte ich mich offen zum Atheismus.

Wiedersehen mit Aachen

Im Jahre 2013 feierte Hans-Ulrich seinen siebzigsten Geburtstag. Er organisierte eine Feier, zu der ich auch eingeladen war. Auf der Hinreise stattete ich wie 1963 dem Kölner Dom einen Kurzbesuch ab und war noch stärker beeindruckt als damals. Ich erlebte das Bauwerk als noch wuchtiger und grandioser als bei meinem ersten Besuch. Und wie damals fuhr ich anschließend nach Aachen, wo ich wiederum den Dom und das „Oktogon“ besuchte. Erst jetzt konnte ich den „richtigen Blick“ für die gewaltige Pracht des architektonischen „Meisterwerks“, für den kostbaren, in allen Farben schillernden Marmor, für die exakt gearbeiteten Einlegearbeiten und für die wunderbar leuchtenden Kuppelmosaike aufbringen.

Die Kompressoren des Instituts für Maschinenbau dröhnten immer noch bedrohlich in meinen Ohren und das Flirren der Transformatoren am Institut für Elektrotechnik war nach wie vor zu hören. Der „Postwagen“ klebte immer noch an der rußgeschwärzten Rathausfassade. Und das Haus an der Eilfschornsteinstraße stand wie früher an seinem alten Platz. Der Friseurladen, den ich früher durchqueren musste, um in meine Bude zu gelangen, war aber nicht mehr vorhanden.

Das Verbindungshaus auf der „Hörn“ war hinter den riesigen Bäumen kaum mehr zu erkennen. Die zarten Pflänzchen von damals hatten sich zu riesigen Bäumen entwickelt.

Im Verbindungshaus lebten immer noch „Bundesbrüder". Die strengen Sitten von damals hatten sich aber in tolerantere Attitüden verwandelt. Traditionelle beziehungsweise „bierselige" Kneipveranstaltungen und zügellose Besäufnisse wurden nicht mehr zelebriert. Aus den Zweibettzimmern waren Einbettzimmer geworden und der Frauenbesuch, der früher strengstens verboten war, war jetzt gestattet. Zudem wurden nicht nur Berg- und Hüttenleute in die Verbindung aufgenommen, sondern auch Studenten anderer Fachrichtungen. Und was mich am meisten erstaunte: Die damals überschwänglich gefeierten Karnevalsveranstaltungen wurden nicht mehr durchgeführt.

Die Technische Hochschule, die sich früher hauptsächlich um das Hauptgebäude und die obere Altstadt herum gruppierte und in der heute 36.000 Studenten studieren, erstreckt sich über die ganze „Hörn". Auf den Kornfeldern von damals stehen nun riesige Gebäudekomplexe, in denen das Klinikum, modernste Lehrstätten und Forschungseinrichtungen untergebracht sind.

Die Ablösung von den Eltern

Es ist erstaunlich, dass weder das Verstehen der Evolutionstheorie, das Verständnis des Periodischen Systems, das Funktionieren des Ursuppen-Experiments, die Einsicht in den Lernprozess anhand des Pawlow'schen Hundes, die Antworten der Kybernetiker auf die Frage nach dem Wesen des Lebens, die Einstein'sche Relativitätstheorie, die Quantenmechanik noch die Erklärung religiöser Phänomene durch den gruppendynamischen Prozess wirklich genügten, um mich vom Glauben wegzubringen.

Ich schaffte es erst, als ich mich offen zum Atheismus bekannte. Es wurde mir bewusst, dass das uneingeschränkte Bekenntnis zum Atheismus mit der gleichzeitigen Ablösung von der emotionalen Abhängigkeit von den gläubigen Eltern einhergehen musste. Ammon sagte vermutlich nicht ohne Grund, dass die Ablösung von den Eltern im Leben eines Menschen der kreativste Schritt darstellen würde.

Eigentlich kann man sich nur dann von einem tief verankerten „Gottesglauben" ablösen, wenn man sich nicht nur intellektuell, sondern gleichzeitig auch emotional von den familiären Bindungen befreit. Nur so kann man verstehen, dass es studierte Naturwissenschaftler wie zum Beispiel der Biologe und der Physiker aus meiner eigenen Familie, der Anthropologe und Nobelpreisträger John C. Eccles, der kritische Theologe Hans Küng oder gar der berühmte Philosoph Martin Heidegger nicht schafften, ihren „Gottesglauben" trotz größter Zweifel abzulegen.

Die Befreiung

Langsam wurde es freier in meinem Kopf. Es war eine Freiheit, die neue Gedanken ermöglichte, die für neue Ideen und neue Inspirationen offene Räume schaffte. Es begann mir Freude zu bereiten, die Dinge im neuen Licht zu betrachten, die Mythen zu hinterfragen, der Verführung zur Irrealität entschlossenen Widerstand entgegen zu setzen und den realen Gedanken eine reelle Chance zu geben …

Es war, als ob ich plötzlich einen Schalter umgekippt hätte. Ich fühlte mich erleichtert und beschwingt, – wie eine Vogelfeder. Ich war glücklich und erfreut. Es war die Freude am Leben, am Diskutieren, am Philosophieren, die Freude an den Gefühlen, an der Liebe und der Lust.

Es war die Freude an der Technik und an technischen Errungenschaften, am Autofahren, Fernsehen und „im Internet Surfen". Es war die Freude an den Freundschaften und Beziehungen. Die Freude am „Sachen unternehmen" und Risiken eingehen.

Es war schließlich auch die Freude am Spielen, – am Siegen und Verlieren, – die Freude am Gestalten, und schließlich, die unermessliche Freude darüber, dass es mich überhaupt gibt, dass ich meistens Glück gehabt habe und dass ich als einzigartiges und unverwechselbares Individuum an diesem unvergleichlichen Leben teilhaben kann.

Gleichzeitig fühle ich mich mitverantwortlich. Die Anstrengungen und die Verantwortung für die Gestaltung des Zusammenlebens liegen nicht mehr in „Gottes“ Hand, sondern in der Hand der Menschen und den menschlichen Gemeinschaften, die aufgerufen sind, gemeinsam Gesetze zu erlassen und Frieden zu schaffen. Alles was die Menschen bewegt und deren Miteinander ermöglicht, ist nicht mehr eine Frage des „göttlichen Wohlwollens“, sondern eine Frage des Schicksals und der menschlichen Vereinbarungen.

Abschied

Im Alter von achtzig Jahren und nach einem reich erfüllten und intensiv gelebten Leben starb meine Mutter. Mitten aus dem Alltag heraus, umgeben von ihren Bekannten und Versammlungsangehörigen, fiel sie in sich zusammen.

Im Nachlass meiner Mutter fand sich ein dünnes Ledertäschchen. In einem Nebenfach steckte mein Briefchen, das ich ihr als Zwölfjähriger geschrieben hatte. Meine Mutter hatte diesen Beweis meiner unverbrüchlichen Liebe das ganze Leben hindurch bei sich getragen …

Ende

Nachwort von Dr. rer. nat. Johannes Grüter

Kurt Theodor Oehler hat in seinem Buch „Die Äpfel vom Baum der Erkenntnis“ seinen geistigen Entwicklungsweg vom christlich geprägten Jugendlichen bis zum erwachsenen Atheisten akribisch genau und psychologisch professionell nachgezeichnet.

Die Beschreibung seiner inneren und äußeren Auseinandersetzungen mit den besonderen christlichen Verhältnissen in seiner Familie in Aarau hat er in eine lebendige Schilderung seiner wesentlichen Lebensabschnitte eingebunden. Gerne bin ich bereit, einige Anmerkungen aus meiner eigenen Kindheit hinzuzufügen, welche die religiösen Zustände, die Kurt in seinem Buch beschreibt, aus eigener Erfahrung bestätigen. Ein großer Teil des christlichen Umfeldes wurde von meinem Großvater Hans Grüter begründet, einem bäuerlichen Laienprediger aus dem Zürcher Oberland.

Die elterliche Familie von Kurt war Eigentümerin des Hauses in Aarau und wohnte im Erdgeschoss, während meine eigenen Eltern seit meinem sechsten Lebensjahr mit meinem Bruder Ludwig und mir zur Miete im ersten Stockwerk lebten. In der Werkstatt von Kurts Vater, die mehr oder weniger direkt an das Wohnhaus angebaut war, hatte mein Vater seine neue Arbeitsstelle als Modellbauer angetreten. Kurt, ich und mein Bruder Ludwig bildeten bald eine enge Kinderspielgruppe. Angeregt durch die Modellbauwerkstatt bastelten wir viel, dachten uns eigene Spiele aus und lebten unsere Kreativität im Kinderzimmer der ersten Etage und im Garten des Hauses aus. Aus dieser Zeit meiner Kindheit stammen meine wesentlichen Erinnerungen an Kurt Theodor Oehler.

Trotz der Nähe, in welcher die beiden Familien zusammen wohnten, habe ich die Situation, in welcher Kurt innerhalb seiner elterlichen Familie damals stand, nur rudimentär wahrgenommen. Ich war ein eher verschlossenes und in mich selbst gekehrtes Kind.

Aufgrund des religiösen Einflusses, der von meiner eigenen Verwandtschaft und besonders von meiner Stiefgroßmutter Elsa Philips ausging, waren mir die religiösen Gepflogenheiten der Familie Oehler dennoch vertraut. Denn auch diese Familie gehörte mehr oder weniger demselben Bekanntenkreis an, in welchem ein spezieller außerkirchlicher christlicher Glaube gepflegt wurde, und der später wegen innerer Unstimmigkeiten nach und nach zerfiel.

Die sogenannte „Versammlung" bildete im Hause Oehler den Kern der Religiosität. Das war eine privat organisierte lose Gemeinschaft, mit dem Anspruch, genauer und entschiedener nach Glaubensvorstellungen der Bibel zu leben als die üblichen für „lau" gehaltenen kirchlichen Institutionen. In der Schweiz gibt es für solche Gruppen den Begriff „Stündeler", weil die Menschen stundenweise zum Beten und zu Predigten in privaten Räumen zusammenkommen. Die hier genannte Versammlung geht ursprünglich auf meinen Großvater Hans Grüter zurück und ist nach meiner Kenntnis eine Abspaltung einer Pfingstgemeinde, einer in der Schweiz weitherum bekannten Religionsgemeinschaft. Mein Großvater habe sich angeblich wegen Unstimmigkeiten von der Pfingstgemeinde getrennt, einige der Gläubigen „mitgenommen" und eine eigene „Versammlung" aufgebaut, welche aber nie die Bedeutung einer echten Religionsgemeinschaft mit eigenem Namen erlangen sollte. Predigten meines Großvaters habe ich noch selber miterlebt. Nach seinem Tod gab es Uneinigkeiten über seine Nachfolge, sodass sich die Versammlung in zwei Gruppen aufspaltete. Danach folgten noch weitere Auseinandersetzungen. Die hier beschriebene Versammlung im Hause Oehler wurde zu meiner Zeit von einem Jakob Ruff geleitet, welcher von Kurt Theodor Oehler in seinem Buch als „der Prediger" benannt wird.

Die sogenannte weltliche Allgemeinbildung wurde in diesen Kreisen nicht sonderlich geschätzt. Die ängstliche Neigung, sich von allem fernzuhalten, was den gemeinschaftlichen Glauben hätte infrage stellen können, war überall zu spüren. Hausbackene Bürgerlichkeit verband sich mit intensiv betriebener Religiosität.

Für Leser, die eine Religiosität, wie sie Kurt in seinem Buch beschreibt, für unwirklich halten, möchte ich als Beispiel meine eigene Stiefgroßmutter Elsa Philips anführen, die ebenfalls in Kurts Buch erwähnt wird.

In der Nachkriegszeit ist unsere Familie bei ihr im Zürcher Oberland untergekommen. Mit ihrem Bildungsstand als ehemaliger Lehrerin wurde das Familienregiment im Wesentlichen von ihr ausgeübt. Auch sie war den religiösen Kreisen zugetan. Wie mir ein Onkel berichtete, galt sie in der Pfingstgemeinde als eher radikal. Sie gab an, ein intensives christliches Bekehrungs- und Erweckungserlebnis erlebt zu haben. Das war wohl der eigentliche Ausgangspunkt, von dem aus folgende Äußerungen zu verstehen sind: Ohne weiteres forderte sie uns Kinder im Alter von vielleicht sechs bis zehn Jahren in forderndem und ernstem Ton auf:

„Hast du dich bei deinen Spielkameraden auch zum Herrn Jesus, unserem Erlöser, bekannt?"

Als Kind fühlte ich mich gedrängt dieser Aufforderung nachzukommen. Damit war ich völlig überfordert, sodass mir diese Aufforderung tagelang, verbunden mit schweren Schuldgefühlen, im Hals stecken blieb. Sie erzeugten gegenüber anderen Kindern bedrückende Hemmungen. Grotesk war auch der Satz, der durchaus erzieherisch gemeint war:

„Auch der Herr hat Gehorsamkeit gelernt, indem er am Kreuz gestorben ist."

Diese Aussage versteht man nur, wenn man in die paulinisch-dogmatische Denkweise meiner Stiefgroßmutter eingeweiht ist. Stets spürte man bei ihr die bedrückende Verpflichtung, sich zum Herrn Jesus zu bekennen und alle sogenannten Weltmenschen oder Ungläubigen zum Glauben an den Herrn zu bekehren.

Die religiösen Verhältnisse klar zu erfassen, geschweige denn rational zu beurteilen, lag damals jenseits meiner Möglichkeiten.

Dazu war ich zu klein und zu stark in mich selber gekehrt, weshalb ich in der Schule allgemein als Träumer angesehen wurde. Später habe ich eine gewisse Zeit lang selber an den Versammlungen teilgenommen, in der Hoffnung, Hilfe für meine starken Angstattacken zu bekommen.

Meine Verschlossenheit bewirkte eine mangelhafte Wahrnehmung meiner eigenen Außenwelt. Deshalb ließ ich mir Einzelheiten und Zusammenhänge aus der damaligen von mir vermutlich stark verdrängten Zeit immer wieder mit Interesse von Personen mit einem besseren Wahrnehmungs- und Aufmerksamkeitsvermögen erzählen. Erst dadurch gewann ich allmählich einen besseren Einblick in meine eigene Jugendzeit, wie zum Beispiel durch den Kommilitonen an der Universität, der seine Empörung darüber bekundete, dass seine Kinder (er lag in Scheidung) an Hospitalismus litten. Es verblüffte mich sehr, so unverhofft zu erfahren, dass kindliches Hin- und Herwackeln mit dem Kopf im Bett etwas Krankhaftes darstellen könnte. Ich hielt das seit meiner frühesten Kindheit für etwas ganz Normales.

Jetzt habe ich mit dem Buch von Kurt eine weitere großartige Gelegenheit erhalten, meine Jugendzeit stärker zu reflektieren. Die Situationen sind so treffend geschrieben, dass meine Erinnerungen an die damaligen Umstände sofort wieder lebendig wurden. Etliche Einzelheiten und Zusammenhänge, welche mir damals nicht bewusst waren, erfahre ich heute durch dieses Buch. Sie ergänzen und erweitern meine Erinnerungen und führen zu wichtigen Klärungen.

Im Kindesalter hat man ohne fremde Hilfe wenig Möglichkeiten, aus der Sozialisation der elterlichen Familie auszuscheren, insbesondere dann nicht, wenn die Familie in ein strenges, geistiges Gebäude einer sehr überzeugten Glaubensgemeinschaft eingebunden ist. Wie schwer es für einen Heranwachsenden ist, sich eines solchen Umfeldes bewusst zu werden und gleichzeitig Stück für Stück zu entledigen, um seine eigene Persönlichkeit zu entwickeln, wissen vermutlich nur Leute, welche als Kinder selber in solchen Verhältnissen gelebt hatten. Die Menge an emotionalen und mentalen Aspekten einer solchen Sozialisation kritisch zu hinterfragen und gegebenenfalls auch auszuräumen, kann sich über ein ganzes Leben lang hinziehen.

Jetzt kann ich anhand des Buches besser nachvollziehen, wie schwierig die Situation für Kurt damals gewesen sein mochte. Immerhin gab es in meiner Familie zwei eigenständige und wehrhafte Gegenpositionen zum religiösen Umfeld und dem missionarisch-dogmatischen Glauben meiner Stiefgroßmutter.

Mein Vater beschäftigte sich schon früh etwas laienhaft mit der Yoga-Lehre. In seiner elterlichen bäuerlich geprägten Familie musste er als Heranwachsender sogar sein erstes Buch über Yoga herausrücken, welches anschließend als Ketzerware sofort verbrannt wurde. Eine offene Auseinandersetzung hat er nie gewagt, denn sein Arbeitgeber, der Vater von Kurt, war der Organisator der christlichen Versammlung. Auch muss er sich aufgrund seines einfachen Bildungsstandes, als ehemaliger Volksschüler war er nur mit mangelhaften Lese- und Schreibfähigkeiten ausgestattet, gescheut haben, sich mit der redegewandten Lehrerin Elsa Philips offen auseinanderzusetzen. Angeblich bemühte sich Hans Henny Jahnn einmal auf einem Spaziergang, meinem Vater die griechische Mythologie näher zu bringen. Er habe ihn aber freundlich in den Hintern getreten, als er die Namen der griechischen Götter nach kurzer Zeit vergessen hatte. Mein Vater blieb in seinem Widerspruch zur christlichen Umgebung ziemlich schweigsam. Nur wenige Male erzählte er im engsten Familienkreis über seine Meditationserlebnisse.

Die andere Gegenposition zum christlich geprägten Milieu war meine Mutter. Sie war eine enge Verwandte von Hans Henny Jahnn, dem Hamburger Dichter und Orgelbauer, der als Atheist eine schroffe Gegenposition zur christlichen Tradition vertrat. Für mich war meine Mutter eine fast peinlich sich ergebende Verehrerin von

Hans Henny Jahnn. In meiner Zeit in Aarau hat sie sich aber über ihre Beziehung zu ihm weitgehend ausgeschwiegen, sodass ich außer einer ungefähren Ahnung über ihre direkte Verwandtschaft mit Hans Henny Jahnn nur wenig mitbekam. Vermutlich wollte sie nicht mit dem christlichen Umfeld der Familie in einen Konflikt geraten, zumal meine Stiefgroßmutter einmal unbestimmte Andeutungen über die bösen oder finsteren Mächte in Norddeutschland machte. Ich habe erst später begriffen, dass sie mit dieser Bemerkung Hans Henny Jahnn in Hamburg gemeint haben musste.

Ich erinnere mich noch deutlich an zwei Besuche von Hans Henny Jahnn. Noch im Zürcher Oberland hatte er mir auf Wunsch meiner Mutter aus einem Kinderbuch vorgelesen. Das tat er in einer für mich ungewohnt theatralischen Weise. Ich spürte, dass er dem Wunsch meiner Mutter nachzukommen versuchte, mir kindgerecht gegenüberzutreten. Er bemühte sich, seine dramaturgischen Fähigkeiten mit der ganzen Wucht seiner Persönlichkeit zum Ausdruck zu bringen. Mit seiner Präsenz füllte er den ganzen Raum. Niemals hatte mir jemand so eindrücklich aus einem Buch vorgelesen. Meine Stiefgroßmutter Elsa Philips hielt sich während diesem Besuch diplomatisch im Hintergrund.

Beim zweiten Mal, viele Jahre später, besuchte er uns in Aarau, wo er meiner Mutter zuredete, die geistige Enge in der Schweiz zu verlassen und nach Hamburg umzuziehen, wo ich das Abitur nachholen könnte.

Erstaunt war ich, als Kurt mir Jahre später erzählte, dass er schon damals großes Interesse an Hans Henny Jahnn gehabt habe, dass er ihn als Mann eines neuen gesellschaftlichen Aufbruchs gesehen habe. Und wie überrascht er gewesen sei, als dieser Mann eines Tages im schwarzen Lodenmantel plötzlich vor ihm stand. Er habe die gewaltige Ausstrahlung dieses Mannes in diesem erlösungsgläubigen Haus als beinahe unheimlich empfunden.

Eine solche starke Gegenpositionen gegen das christliche Milieu hatte Kurt in seiner eigenen Familie nicht zur Verfügung und musste sich seine geistige Eigenständigkeit von früh an selber erkämpfen. Offensichtlich hatte er schon früh den Mut gefunden, sich mehr und mehr gegen seine Eltern durchzusetzen. Das sehe ich als eine außerordentliche Leistung an. Das konnte ich damals nicht in seiner vollen Bedeutung begreifen. Jetzt verstehe ich erst, dass ich in meiner eigenen widersprüchlichen Familie eine solche eigenständige Wehrhaftigkeit nie aufbringen konnte, einer Familie mit einer Stiefgroßmutter, die kontrastierend zu meiner eigenen Mutter, mit Energie und stetiger Belehrung versuchte, mich in ihrem paulinischen Glauben an den Herrn zu befestigen, einem Vater, der diesem „leeren bornierten Glaubenschristentum" innerlich eher grollte und einer Mutter, die weder viel von der Meditation meines Vaters noch von diesem Christentum hielt und nur Hans Henny Jahnn „anhimmelte", sich aber nie aktiv oder vernehmbar inhaltlich mit ihm beschäftigte.

Kurt berichtete mir später, dass er schon früh aus eigenem Antrieb von zu Hause „abgehauen" sei, um in der Kantonsbibliothek – das waren zu Fuß etwa fünfzehn Minuten – Sigmund Freud zu lesen. Eines Tages traf ich ihn im Rahmen eigener Aktivitäten im Studentenparlament unverhofft im Auditorium Maximum der Universität Hamburg wieder, wo er eine Sitzung des Vereins deutscher Studentenschaften (VDS) unter schweren hochschulpolitischen Turbulenzen und bei Anwesenheit von etwa dreitausend Studenten leitete. Über Hans Henny Jahnn muss er damals mehr gewusst haben als ich selber, obwohl ich praktisch an der direkten Quelle saß. Aber als ein für die Mikrofone verantwortlicher Physikstudent habe ich mich entschlossen geweigert, für die radikal linken Gruppen, welche die Vereinsvollversammlung sprengen wollten, die Mikrofone abzuschalten.

Kurt Theodor Oehler gibt in seinem Buch ein hervorragendes Beispiel dafür, wie er sich selbst aus den elterlich religiösen Bedingungen herausgewunden hat. Auf spannende Weise beschreibt er seine wesentlichen Lebensabschnitte und innerhalb dieser seine schrittweise Loslösung von der Religion im weitesten Sinne. Dieses Buch ist nicht nur allgemein interessant, sondern es kann auch eine große Hilfe für Personen darstellen, welche selber in ähnliche Probleme verwickelt sind oder allgemein sich für die psychischen Einflüsse von Religionen interessieren.

Mein Dank

Für das kritische Durchlesen und die qualitative Verbesserung des Textes möchte ich meiner Frau Susanne einen besonderen Dank aussprechen. Gleichzeitig möchte ich mich dafür entschuldigen, dass ich mich über viele Tage oder gar Monate hinweg eher mit den „Äpfeln vom Baum der Erkenntnis" als mit ihr beschäftigt habe.

Mein Dank gilt auch meinem Jugendfreund Johannes Grüter für das lebendig und authentisch geschriebene Nachwort.

Inhalt

Zum Autor

Dr. rer. nat. Kurt Theodor Oehler wurde 1942 in Aarau/Schweiz geboren. Er studierte in Aachen Metallurgie (Dipl.-Ing.) und in München Wirtschaftswissenschaften (Dipl.-Wirtsch.-Ing.), wechselte aber nach den 68er-Unruhen das Fachgebiet und studierte in München Psychologie und Pädagogik.

Er promovierte über den Zusammenhang zwischen Medienwirkung und Einstellungsänderungen und war zehn Jahre lang als wissenschaftlicher Mitarbeiter von Prof. Dr. Rainer Fuchs an der TU München in der pädagogisch-psychologischen Ausbildung der Berufsschullehrer tätig. Gleichzeitig machte er bei Prof. Dr. med. Günter Ammon eine Ausbildung zum Gruppendynamiker, Psychotherapeuten, Gruppenpsychotherapeuten und Psychoanalytiker.

Dreißig Jahre lang arbeitete Oehler als Psychotherapeut, Gruppenpsychotherapeut und Psychoanalytiker in eigener Praxis in Bern und bildete sich weiter bei Dr. Gustav Hans Graber, dem Pionier für pränatale Psychologie und bei der Begründerin der Themenzentrierten Interaktion (TZI), Dr. h.c. Ruth Cohn.

Im Rahmen seiner Tätigkeit als Fachbuchautor erschienen 1999 „Der gruppendynamische Prozess“, 2001 das Testmanual „Ich-Gestalt-Test“, 2003 „Rivalität“, 2005 „Das Wesen der Seele“ und der Buchbeitrag „Ich-strukturelles Arbeiten in der Psychotherapie und Körpererleben“.